SERIE – Network Marketing Multinivel en Acción

Los CICLOS MAESTROS de la DUPLICACIÓN y la MULTIPLICACIÓN en el NETWORK MARKETING

Principios Universales Para Desarrollar Exitozamente Tú Negocio Multinivel de forma Profesional

KINDLE –EBOOK'S QUE TE ENSEÑARA A:

*. - Programar tú mente consciente y subconsciente para el **Éxito Personal** y la **Autorrealización Profesional**. *. - Permitir una óptima configuración de creencias potencializadoras y afirmaciones autoempoderadoras que te permitan consolidar tú capacidad para **Conectarte con tus Sueños, Metas y Objetivos** *. - Promover la flexibilidad del pensamiento táctico - estratégico y la comprensión de los procesos en la **Creación de una Estructura Organizacional Sólida, y una Red de Mercadeo Multinivel Estable y Productiva** *. - Contar con un **PLAN DE ACCIÓN** que te permita desarrollar las habilidades para alcanzar nuevos estados de excelencia y lograr Alcanzar tus más Anhelados Sueños, Metas y Objetivos en la industria del **NETWORK MARKETING** o Redes de Mercadeo Multinivel. *. - Comprender el Sistema de Formación Empresarial que es un enfoque práctico y poderoso para lograr cambios personales esenciales a corto plazo. *. - Incrementar al Máximo Tú Potencial Empresarial dentro del **MLM (Multi-Level-Marketing)** *. - Desarrollar tú **Liderazgo con una Mentalidad Empresarial** centrada en Principios y Valores. * Programar y Condicionar Tú Poder Mental para Conquistar lo que te propones y Obtener el Éxito que Deseas *. - Consolidar las Posiciones, Peldaños, Escalones y Rangos más Alto dentro de la Escala o Niveles del Plan de Compensación *. - Conocer y dominar los principios básicos de la **REINGENIERÍA CEREBRAL** y la **PROGRAMACIÓN MENTAL** que te permitan tomar acción, hacer que las cosas sucedan y comenzar a vivir centrada en principios en armonía propósito de vida, rumbo a la libertad financiara.

NETWORKER PROFESIONAL
Coach Transformacional
YLICH TARAZONA
Escritor y Conferenciante Internacional

DERECHO DE AUTOR y COPYRIGHT

Este compendio denominado "Los CICLOS MAESTROS de la DUPLICACIÓN y la MULTIPLICACIÓN en el NETWORK MARKETING, *Principios Universales Para Desarrollar Exitozamente Tú Negocio Multinivel de forma Profesional*". Aplicado a Estrategias de Network Marketing en Negocios de Mercadeo en Red Multinivel, especial para Emprendedores **MLM** es Propiedad intelectual de Ylich Tarazona ®.

Autorizado para la distribución en su formato digital; entre todos los emprendedores, miembros del **Portal Reingeniería y Programación Mental ®**. Así como los participantes de los diversos programas de entrenamiento personal y formación profesional dirigido por **Coach Ylich Tarazona**, en sus secciones tanto virtuales online como presenciales offline. Siempre y cuando se mantenga, el derecho total de la autoría del formato original del actual documento, y se haga la mención del título del libro y el autor de la presente obra.

AVISO LEGAL: Copyright © octubre 2016 por **YLICH TARAZONA** ® & **REINGENIERÍA MENTAL PARA EL ÉXITO ®** Todos los derechos reservados ©. Ninguna parte de éste **eBook's** podrá ser reproducida de modo parcial o ampliada, transmitida de cualquier manera o por cualquier otro formato o medio, bien sea electrónico, digital, virtual, mecánico, manual incluidas fotocopias, escaneos, grabaciones, reproducciones y distribución vía online, oral o escrita, o por cualquier otro sistema de almacenamiento de información, comunicación pública o privada y software de recuperación de datos, para fines comerciales o fines de lucro, **SIN PREVIO AVISO** o **PERMISO POR ESCRITO AL EDITOR.**

7º Edición Revisada y Actualizada por: YLICH TARAZONA © octubre 2016
ISBN-13: 978-1539182269 / **ISBN**-10:1539182266 / **ASIN**: B01IZTHD0M
Diseño y elaboración de portada por: YLICH TARAZONA ©.

Si éste libro o **e-Book´s** le ha interesado y desea que lo mantengamos informado de nuestras próximas publicaciones, ediciones, mini cursos, reportes especiales, video conferencias, webminars, seminarios online y offline, audiolibros, podcasters entre otros materiales diseñados y **creados por el autor**; escríbanos, indicándonos cuáles son los temas de su interés y gustosamente le mantendremos actualizado.

También puede contactarse directamente con el AUTOR vía e-mail por:
coach.ylichtarazona@gmail.com

Los CICLOS MAESTROS de la DUPLICACIÓN y la MULTIPLICACIÓN en el NETWORK MARKETING

BIENVENIDOS AL PORTAL NETWORKERS DEL SIGLO XXI

Hola que tal, Emprendedores y Emprendedoras *del Network Marketing Multinivel, la nueva generación de Networkers del Siglo XXI...* Es un placer para mí; poder darte la bienvenida a nuestro portal NETWORKERS del Siglo XXI ®, y felicitarte por haber escogido esta maravillosa profesión. Y estar dispuesto a empezar aplicar estos *Ciclos continuos del Éxito y la Excelencia en tú Superación Personal y Profesional; en el Desarrollo de Tú Máximo Potencial Humano,* en la *Tendencia Económica de Mayor Crecimiento, Consolidación y Expansión Mundial en esta nueva Era tan Globalizada.*

Ahora eres parte de un gran EQUIPO DE EMPRENDEDORES *en Redes de Mercadeo. Y* el dueño de tu propio negocio; a través, de la *Industria del MLM* **(Multi-Level-Marketing).** *La Profesión mejor pagada en los últimos años.* Esto significa que has dado un gran paso y que has decidido *hacerte cargo de tu Futuro Financiero, Ser el Escultor de tu Vida, el Creador de tu Propio Destino y parte del Efecto Multiplicador de la Nueva Generación de Networkers del Siglo XXI.*

Nosotros queremos que sepas que, aunque el negocio es sólo tuyo, nunca estarás solo. Cuentas con todo un EQUIPO DE PROFESIONALES a nivel mundial; que estamos aquí comprometidos para apoyarte durante el *Proceso de Aprendizaje,* con las mejores herramientas actualizadas de última generación y entrenamientos magistrales de óptimo desempeño en la Industria del NETWORK MARKETING MULTINIVEL, establecido en un *Sistema Integral de Formación Empresarial de Alto Rendimiento* y Máxima Productividad.

En el portal NETWORKERS del Siglo XXI ®, hemos preparado esta guía rápida de *Liderazgo Empresarial*; pensando en TI, para maximizar tu efectividad y óptimo desempeño en el *Proyecto de Negocio* que te ofrecen las Redes de Mercedado.

Éste ***Manual de Instrucciones*** es una poderosa herramienta de acción que puedes llevar contigo todo el tiempo. Es un resumen conciso de las leyes y los principios más importantes de las actividades que deberás realizar cada día, para medir tus resultados y comenzar a **Construir Tú Negocio Multinivel (Estructura Organizacional) que es la Red de Mercadeo**, una *Plataforma* Magistral centrada en la **EDIFICACIÓN** y fundamentada en las bases de las *relaciones y el trabajo en equipo* con una *mentalidad de excelencia empresarial* y un *espíritu de liderazgo centrado en principios.* Que finalmente es lo que te permitirá; a largo plazo, crear las bases de tu Negocio, con unas simientes firmes que se mantendrán en el tiempo, rumbo como equipo a la *Libertad Financiera.*

Cree en ti mismo y en tu capacidad de lograr grandes cosas. Recuerda, estamos aquí para apoyarte a través de cada paso que des en la *Construcción de tus Sueños*...

Pero recuerda que finalmente la decisión es sola Tuya...

¡¡¡**Toma Acción y Has que las Cosas Sucedan**!!!

*"El **ÉXITO** no es un acontecimiento de un solo día, es un proceso que se repite toda la vida. Usted puede ser un ganador en su vida si se lo propone. **YA QUE NACISTE Y ERES UN TRIUNFADOR** desde el instante de la concepción.*

Recuerda*: Las personas exitosas realizan actividades que les permitan ganar de vez en cuando; porque saben que tanto el triunfo, la victoria, así como la conquista son hábitos que deberían desarrollarse constantemente en su estilo de vida.*

Las personas exitosas; asimismo tienen presente que, perdiendo también se gana. Porque saben que cada fracaso los acerca más a su propósito y que cada derrota los fortalece y les enseña lo que deben mejorar. En fin y al cabo; tanto los triunfos como las derrotas, son tan importantes para el éxito, que cuando aprendemos de ellas nos hacemos más fuertes y merecedores de vivir ese estilo y calidad de vida extraordinaria por la que tanto nos hemos esforzamos día tras día"

-. ***COACH TRANSFORMACIONAL YLICH TARAZONA.*** -

FILOSOFÍA DEL PORTAL NETWORKERS DEL SIGLO XXI

FILOSOFÍA: NETWORKERS del Siglo XXI ® es una *Organización de Coaching Integral* en el *Adiestramiento y Capacitación Profesional*, de carácter presencial y virtual vía ONLINE en el área de NETWORK MARKETING MULTINIVEL, Liderazgo Centrado en Principios, Negociación de Alta Envergadura, Planeación Estratégica, Marketing de Atracción entre otros. El portal NETWORKERS del Siglo XXI ® *La Nueva Generación de Profesionales en Redes de Mercadeo Multinivel.* Es un EQUIPO que funcionamos como una *Organización Líder Pionera en el Entrenamiento Empresarial a nivel mundial* cuyo NORTE y FILOSOFÍA está centrado en la EDIFICACIÓN y fundamentada en las *relaciones* y *el trabajo en equipo. Basada en Principios y Leyes Esenciales de aplicación Universal,* que tiene como *objetivo* dejar un LEGADO en la vida de millones de *Emprendedores* y *Desarrolladores de Negocios* a través de *Un Sistema Integral de Formación Empresarial de Optimo Desempeño.*

MISIÓN: Nuestra misión, es la de *Adiestrar y Capacitar a los nuevos Profesionales, Lideres, Empresarios Comprometidos y* Emprendedores *del MLM (Multi Level Marketing) también conocido como Mercadeo por Niveles Múltiples* o *Negocio Multinivel de Ventas Directas.* Brindándoles un *Equipo de Apoyo,* integrada por una diversidad de expertos en el área... Que les brindaran a los asociados de <u>Las Distintas Organizaciones</u> los conocimientos necesarios que les ayudaran en el proceso de aprendizaje, a través de una *Plataforma Magistral* y/o *SISTEMA INTEGRAL DE FORMACIÓN EMPRESARIAL*; bien estructurada y organizada; que le permitirá, a cada individuo lograr cumplir alcanzar sus más elevados Sueños, Metas y Objetivos dentro de la Industria Global del *Mercadeo en Red.*

VISIÓN: Estamos comprometidos con una gestión social; que se define como un servicio de formación empresarial, en la cual se puede ayudar a muchas personas a lograr *Maximizar sus Capacidades,* con el fin de crear nuevos *Líderes, Empresarios, Emprendedores y Networkers Profesionales;* donde <u>Todos Compartan una Misma Filosofía de Equipo</u>, logrando con ello refinar y actualizar sus conocimientos; a fin de *Desarrollar una Estructura Organizacional o Red de Comercialización Solida, Estable y Productiva.*

PROPÓSITO: *Los CICLOS MAESTROS de la DUPLICACIÓN y la MULTIPLICACIÓN en el NETWORK MARKETING* que hemos implementado en éste manual de instrucciones, permiten a los nuevos *Emprendedores, Afiliados, Distribuidores, Empresarios y Networkers Profesionales* contar con *Leyes y Principios Universales* que les permitirán definir claramente sus Metas y Objetivos, respaldándolas con una Misión de Vida y **<u>Un Plan de Acción Bien Definido</u>**. *A la vez que les permitirá adquirir los conocimientos necesarios que les permitan* **<u>MODELAR</u>** *y* **<u>DUPLICAR</u>** *el sistema a sus organizaciones a fin de lograr los niveles más altos, dentro de los* distintos Planes de Compensaciones que nos ofrece la Industria de Mercadeo en Red Multinivel.

OBJETIVO: En el Portal NETWORKERS del Siglo XXI ® vivimos comprometidos con los procesos para que obtengas el nivel de éxito que tanto deseas. *Nuestro objetivo es poner en tus manos este Manual de Instrucciones; junto con el Cuaderno de Planificación Mensual y el E-Book de Conceptos y Nociones Avanzadas que son el vehículo conductor, que te llevará a conseguir los resultados.*

Te invitamos a seguir estas recomendaciones, tan fielmente como te sean posibles, ya que son las mismas que han seguido las personas sobresalientemente más exitosas en el **Network Marketing por Relaciones de mayor Renombre en los últimos años**.

ÉXITO ES EL RESULTADO DE LA DISCIPLINA

"La formación, la preparación y la actitud es la diferencia entre el éxito y el fracaso"
   -. COACH TRANSFORMACIONAL YLICH TARAZONA. -

"Yo nunca he dicho que sea fácil, pero les prometo que tampoco será imposible... Solo tienen que estar dispuesto a pagar el precio del éxito y luego disfrutar de los resultados el resto de toda su vida".
   -. COACH TRANSFORMACIONAL YLICH TARAZONA. -

"Debemos ser el cambio que queremos ver en el mundo". **- GANDHI. -**

El LÍDER que hay en Ti

Felicitaciones; *Campeones y Campeonas,* por haber tomado la decisión de *SER* parte de la gran familia NETWORKERS del Siglo XXI ® Nosotros anticipamos mantener una larga y duradera relación con ustedes y todo su equipo, tanto en el negocio como personalmente. Al dar los primeros pasos hacia adelante en la construcción de su organización multinivel siempre recuerden: *Que el mercadeo en red, es una oportunidad centrado en la* **EDIFICACIÓN** *basado en las relaciones personales.* Por tal razón; tienes que comenzar, por fortalecer la relación con tu organización (**DOWNLINE**) y con tu línea de patrocinio (**UPLINE** *o Línea de Auspicio*). De igual forma, tienes que fomentar las buenas relaciones de equipo entre TODAS las líneas frontales o laterales de otras organizaciones (**CROSSLINE**) para mantener la sinergia y la participación de todos.

AL DESARROLLAR LA RELACIÓN CON TODO EL EQUIPO, te alentamos a que pienses en los valores que rigen tu vida y que son importantes para ti. Al estudiar las vidas de los *líderes más destacados; y las historias de éxito de los Empresarios Comprometidos y Networkers Profesionales que tienen los mayores resultados dentro de la Industria del Network Marketing Multinivel*, nos han revelado un importante principio —Y es que el ÉXITO de las organizaciones más exitosas a través de los años en el *Mercadeo en Red* han sido las que **se basan en el trabajo de equipo y en los valores esenciales, más que en el dinero mismo**.

¿PERO CÓMO ELEGIR UN CONJUNTO DE VALORES PARA APLICARLOS A TU NEGOCIO MULTINIVEL? Analiza tu vida y piensa qué es lo más importante para ti. Piensa en las personas quienes forman parte de tu ORGANIZACIÓN y a quienes admiras. ¿Qué comportamiento desempeñan constantemente; ¿estos grandes LÍDERES de otras organizaciones, que tú pudieras adoptar para desarrollarlas y aplicarlas en tu Negocio Multinivel?

TAMBIÉN PUEDES OBSERVAR LOS PRINCIPIOS Y LOS VALORES que guardamos en alta estima los miembros del *Equipo* NETWORKERS del Siglo XXI ® y aplicarlos en tu organización. Te prometemos; que a medida que empieces a asociarte con todo el liderazgo que viven estos valores, y empieces a aplicarlo en tu propia vida, podrás darte cuenta, que estos principios funcionan como un faro que guiarán el crecimiento de tu organización. *Recuerda que todos los líderes de la compañía y los líderes de tu línea ascendente son un respaldo esencial para ti.* Nosotros ya confiamos en ti; y si tú también lo haces, juntos podremos liderar a muchas más personas, en el camino a la realización de sus sueños...

Principios y Valores que rigen al Portal NETWORKERS del Siglo XXI

1.- **Gratitud:** Sé agradecido por lo que das y por lo que recibes.
2.- **Libertad:** Permite que cada persona escoja por sí mismo.
3.- **Respeto:** Se objetivo con las opiniones de las personas.
4.- **Disciplina:** Vive lo que enseña y Enseña lo que vives.
5.- **Diligencia:** Esfuérzate por lograr lo que te propones.
6.- **Servicio:** Amor por servir con devoción a prójimo.
7.- **Compromiso Moral:** Termina lo que empiezas.
8.- **Honestidad:** Mantén la confianza de los demás.
9.- **Responsabilidad:** Toma el control de tu vida.
10.- **Determinación:** Haz que las cosas sucedan.
11.- **Humildad:** Vive conforme a tus principios.
12.- **Integridad:** Enseña a través del ejemplo.
13.- **Igualdad:** Desarrolla relaciones sólidas.
14.- **Lealtad:** Se fiel a tus principios.
15.- **Rectitud:** Haz lo que dices.

EL ÉXITO ES PARA AQUELLOS, QUE ESTAMOS DISPUESTOS A PAGAR EL PRECIO Y DISFRUTAR DEL CAMINO "El éxito es más que una condición, es un estado mental. El éxito es un camino; es el logro consecutivo de pequeñas metas, y es el resultado de llevar una vida con propósito. Y para que nuestros objetivos se lleven a cabo; debemos estar dispuestos a programar nuestra mente en dirección a nuestro destino, tomar acción, ejecutar el plan o proyecto de vida y hacer que las cosas sucedan.
-. COACH TRANSFORMACIONAL YLICH TARAZONA. -

Recuerda PIENSA, SIENTE y ACTÚA como la persona que quieres llegar a SER, hasta que lo seas. "{(Ten presente que comenzamos MODELANDO una ACTITUD GANADORA y terminamos construyendo una PERSONALIDAD TRIUNFADORA)}".
-. COACH TRANSFORMACIONAL YLICH TARAZONA. -

Contenido

BIENVENIDOS AL PORTAL NETWORKERS DEL SIGLO XXI 3
FILOSOFÍA DEL PORTAL NETWORKERS DEL SIGLO XXI 5
    FILOSOFÍA 5
    MISIÓN 5
    VISIÓN 5
    PROPÓSITO 5
    OBJETIVO 6
El LÍDER que hay en Ti 7
Principios y Valores que rigen al Portal NETWORKERS del Siglo XXI 8
EL CICLO MENTAL DEL ÉXITO 13
    COMIENCE CON UN FIN EN MENTE 13
PRINCIPIOS MAESTRO DE LA DUPLICACIÓN Y LA MULTIPLICACIÓN 15
    SEPA LO QUE QUIERE Y HACIA DÓNDE VA 15
    FORTALEZCA Y CONSOLIDE LAS RELACIONES 15
    MULTIPLICANDO SUS ESFUERZOS 16
CAPÍTULO I: DESARROLLAR LA VISIÓN Y ENTENDIENDO LA NATURALEZA DEL NEGOCIO 17
    Estableciendo las Bases de Tú Negocio MLM. "Comprendiendo la Visión y la Oportunidad". 17
    COMIENCE CON UN FIN EN MENTE 17
    1.- ESTABLEZCA SUS SUEÑOS 18
    COMENZANDO CON UN FIN EN MENTE 19
    VISUALIZA TUS SUEÑOS: 20
    ESTABLECE TUS SUEÑO, TU VISIÓN PERSONAL 21
    2.- CONCRETE SUS METAS 21
    TOMANDO EL CONTROL DE TU VIDA – Definiendo metas a corto, mediano y largo plazo. 23
    3.- DETERMINE SUS COMPROMISOS 24
    DETERMINE SUS COMPROMISOS 24
    COMPROMÉTETE... 25

¿QUÉ ES EL COMPROMISO?...26
METAS y COMPROMISOS PARA DESARROLLAR MI NEGOCIO 27
MI COMPROMISO CON LA EXCELENCIA 1 parte 28
MI COMPROMISO CON LA EXCELENCIA 2 parte 29
4.- ELABORE SU PLAN DE ACCIÓN 30
PLAN DE ACCIÓN 30
OBJETIVOS DE LAS REUNIONES SEMANALES (OP Presentación del Plan de Oportunidad): 31
OBJETIVOS DE LOS TALLERES DE ENTRENAMIENTO: 31
OBJETIVOS DE LOS RALLY, CONFERENCIAS, NOCHES DE ÉXITO, CENA DE GALA y CONVENCIONES. 31
PLAN DE ACCIÓN SEMANAL 32
CALENDARIO DE ACTIVIDADES MENSUAL 34

CAPÍTULO II: EJECUTANDO 35
EL PLAN DE ACCIÓN 35
LOS 10 PRINCIPIOS MAESTRO DE LA DUPLICACIÓN Y LA MULTIPLICACIÓN EN EL NETWORK MARKETING 35
SEPA LO QUE QUIERE Y HACIA DÓNDE VA 35
1.- HAGA UNA LISTA DE PROSPECTO 36
PASOS PARA HACER UNA LISTA DE CALIDAD 36
LISTA DE EJERCITACIÓN MENTAL 37
DOS TIPS QUE TE AYUDARAN A NO PREJUZGAR...37
LISTA DE PROSPECTOS..40
LISTA DE CONSUMIDORES..41
LISTA DE REFERIDOS 42
LISTA A DISTANCIA..43
LISTA CONTACTOS AL FRIO..44
2.- INVITE A SUS PROSPECTO...45
INVITAR A LOS PROSPECTOS A LAS PRESENTACIONES DE OPORTUNIDAD ..47
INVITE SUS PROSPECTOS CORRECTAMENTE 49
INVITACIONES MODELOS..49

UTILIZANDO LAS REDES SOCIALES 51
3.- ORGANICE SUS PRESENTACIONES 51
SUGERENCIAS A TENER EN CUENTA AL ORGANIZAR UNA REUNIÓN EXITOSA EN CASA 51
SUGERENCIAS A TENER EN CUENTA AL ORGANIZAR UNA PRESENTACIÓN EXITOSA 1ª1 54
SUGERENCIAS A TENER EN CUENTA AL ORGANIZAR UN PLAN DE OPORTUNIDAD EN LAS REUNIONES PRINCIPALES O MULTIPLANES 55
LA REUNIONES CENTRALES O MULTIPLANES TIENEN COMO PROPÓSITOS PRINCIPALES: 56
RECOMENDACIONES: 56
4.- PRESENTE LA OPORTUNIDAD 57
LAS PRESENTACIONES DE LA OPORTUNIDAD SE DIVIDEN EN 3 ETAPAS 57
PRESENTAR EL PLAN DE NEGOCIO. 58
La primera parte 59
La segunda parte 59
SUGERENCIAS PARA PRESENTAR LA PRESENTACIÓN DE OPORTUNIDAD 59
Recomendaciones 62
Paso III – TOMANDO EL CONTROL DE TU NEGOCIO 63
5.- HACER UN SEGUIMIENTO EFECTIVO. 64
6.- MANTÉNGASE EN CONTACTO 65
7. - MUEVA A SUS PROSPECTOS 67
Paso IV – ESTRUCTURA ORGANIZACIONAL 69
8.- PLANIFIQUE MENSUALMENTE 70
PALABRAS FINALES 75
SOBRE EL AUTOR 77
SÍGUENOS A TRAVÉS DE TODAS NUESTRAS REDES SOCIALES 79
OTRAS PUBLICACIONES, TÍTULOS Y LIBROS CREADOS POR EL AUTOR EN KINDLE - EBOOK'S DE AMAZON 81

EL CICLO MENTAL DEL ÉXITO

DESARROLLAR LA VISIÓN Y ENTENDER LA NATURALEZA DEL NEGOCIO. - Estableciendo las Bases de Tú Negocio MLM. "Comprendiendo la Visión y la Oportunidad".

• Éste Primer CICLO; es un Proceso Mental de 5 pasos esenciales para el Comienzo de tu Negocio Multinivel que te permitiera, Desarrollar la Actitud Mental adecuadas y las Bases Necesarias en la Construcción de tus Sueños y en la Conquista de tus Objetivos.

COMIENCE CON UN FIN EN MENTE
- Establezca Sus Sueños
- Concrete sus Metas
- Determine sus Compromisos
- Elabore su Plan de Acción
- Enfóquese en los Resultados

EL PODER DE LA DISCIPLINA
"El ingrediente más crucial para el éxito es la disciplina. Es el puente entre el pensamiento y el logro. Pero lo más importante, es lo que hará por ti. Te hará sentirte fabulosamente contigo mismo". -. JIM ROHN. -

"Éxito es el resultado de la disciplina"
-. COACH TRANSFORMACIONAL YLICH TARAZONA. –

Principios Universales Para Desarrollar Exitozamente Tú Negocio Multinivel de forma Profesional

PRINCIPIOS MAESTRO DE LA DUPLICACIÓN Y LA MULTIPLICACIÓN

EJECUTAR EL PLAN DE ACCIÓN, TOMANDO EL CONTROL DE TU NEGOCIO. Crear una Estructura Organizacional Sólida Estable y Productiva. -

Expandiendo la Visión, Creando la Plataforma Organizacional

- Estos Primero 4 Principios del **CICLO DE LA DUPLICACIÓN Y LA MULTIPLICACIÓN** son muy activos y requieren de mucha *Acción, Disciplina y Constancia*.

Los 2 primeros pasos te permitirán *concentrar tus esfuerzos y canalizarlos* en la dirección correcta con la que quieras comenzar tu negocio.

Los otros 2 te *permitirán impulsar tu Negocio Multinivel al siguiente nivel*.

SEPA LO QUE QUIERE Y HACIA DÓNDE VA

- Haga una Lista de Prospectos
- Invite a sus Prospectos
- Organice sus Presentaciones
- Presenta la Oportunidad de Negocio

Fortaleciendo los Cimientos de Tú Organización, Construyendo las Relaciones

- Estos 3 Principios son los más *dinámicos en tu negocio*; ya que te permitirán *ponerte en contacto directos con tus prospectos y nuevos socios*, a la vez que te permitirá *fortalecer las relaciones* con cada uno de los miembros de tu organización, permitiéndote *comprender sus necesidades* y actuar en función a ello.

FORTALEZCA Y CONSOLIDE LAS RELACIONES

- Agende un Seguimiento para los próximos 24 a 48 horas
- Manténgase en Contacto con sus Prospectos y Nuevos Lideres
- Promueva y Asista a todas las Actividades del Equipo y el Sistema

Creando una Red de Comercialización Solidad, Estable y Productiva, Desarrollando Líderes con Mentalidad Empresarial

Estos últimos 3 Principios te permitirán de manera profesional ir creando tú *Plataforma Financiera* a largo plazo; por medio del crecimiento exponencial de tu *Red de Comercialización*, que te brinda esta Industria.

Al mismo tiempo que te permite *Fortalecer tu Organización de Líderes y Desarrolladores del Negocio con base en la EDIFICACIÓN, la DUPLICACIÓN y la MULTIPLICACIÓN, permitiéndote trascender en el tiempo, transferir un legado y dejar una huella a tu Organización, marcando una diferencia* en todos los miembros de tu Equipo.

MULTIPLICANDO SUS ESFUERZOS

- Ejecute su **Plan de Acción** y Planifique Mensualmente
- **Conéctese 100% al Equipo y al Sistema** de Coaching en Formación Empresarial
- **DUPLÍQUESE** Modele el Sistema y forme a sus líderes comprometidos

PERMANENCIA, PERSEVERANCIA Y PERSISTENCIA

"Permanencia, perseverancia y persistencia a pesar de todos los obstáculos, desaliento e imposibilidades: Es esto lo que en todas las cosas distingue al alma fuerte de la débil".
-. **THOMAS CARLYLE.** -

"El hombre que se levanta después de haberse caído una y otra vez; es aún más grande que aquellos hombres que jamás se han caído"
-. **COACH TRANSFORMACIONAL YLICH TARAZONA.** –

CAPÍTULO I: DESARROLLAR LA VISIÓN Y ENTENDIENDO LA NATURALEZA DEL NEGOCIO

Estableciendo las Bases de Tú Negocio MLM. "Comprendiendo la Visión y la Oportunidad".

• Éste *Primer Ciclo*; es un *Proceso Mental* de 5 pasos esenciales para el *Comienzo de tu Negocio Multinivel* que te permitiera, *Desarrollar la Actitud Mental adecuadas y las Bases Necesarias en la Construcción de tus Sueños y en la Conquista de tus Objetivos.*

COMIENCE CON UN FIN EN MENTE

Establezca sus Sueños
  • *Que Quiere Alcanzar*

Concrete sus Metas
  • *Cuando lo Quiere Alcanzar*

Determine sus Compromisos
  • *Porque Desea Alcanzarlo*

Elabore su Plan de Acción
- *A donde estoy (Saber de dónde vas a comenzar)*
- *Para donde voy (Tomando el control de tu Negocio)*
- *Conque Cuento (Aliados, Habilidades y Recursos)*
- *Desarrolle un Proyecto de Vida (Plano, Maqueta, Mapa o Dirección).*

Procedimiento, Estrategia, Sistema y Estructura, Organización, Planeación y Realización

Enfóquese en los Resultados
  • *Manténgase enfocado en lo que quiere, hasta que lo logre.*

El *Éxito* es *"La realización progresiva de un gran sueño".*

"El ejemplo no es el medio principal de influir en el otro; es el único medio"
-. ALBERT EINSTEIN. -

1.- ESTABLEZCA SUS SUEÑOS

• Que Quiere Alcanzar

> "El sueño es como una fuente de energía. Es aquello que nos motiva y nos impulsa a ir más allá de nuestras limitaciones. Es el deseo ardiente, por lograr conquistar aquello que tanto anhelamos. Es algo tan poderoso y tan grande que cuando forma parte de nosotros mismos nos inspira a tomar acción. Es aquello que hace; que sigamos hacia adelante, cuando nuestra mente nos dice no podemos más. Es aquello que nos hace recorrer el kilómetro extra. Es; al fin y al cabo, la razón de existir".

No importa cuán grande sea tu sueño; si de veras crees en él y te esfuerzas consistentemente por alcanzarlo, sabemos que lo lograrás...

Uno de los principios más simples y fundamentales del éxito y la excelencia es: *"determinar hacia dónde vamos"*. El conocimiento te enseñara como hacer las cosas; pero el ENFOQUE es lo que te llevara a *Tomar Acción*. Y esto llega únicamente, a aquellos que saben que es lo que realmente desean alcanzar en sus vidas.

Aquellos que están dispuestos a pagar y disfrutar el precio para conseguir lo que quieren; aquellos que tienen fe, convicción, coraje y persistencia hacia lo que desean, aquellos que, armados con estas virtudes, han salido a la *Conquista y Consolidación de sus más Anhelados Sueños*.

Alguna vez **NAPOLEÓN HILL** dijo que... *"Nunca lograras nada; al menos que tengas un deseo ardiente por Alcanzarlo".*

Todo en el mundo; se crea dos veces, Primeramente, en lo Profundo de nuestra Mente y segundo en nuestros Pensamiento. Luego se Materializa en la Realidad, en todas sus formas. **COACH TRANSFORMACIONAL YLICH TARAZONA.** -

COMENZANDO CON UN FIN EN MENTE

Visualización, Enunciados de Éxito y Cartelera de Los Sueños. Para ayudarte a DEFINIR TUS SUEÑOS, te sugerimos que te formules las siguientes preguntas:

Si dentro de los próximos 10 años se te pidiera que presentaras una lista de todos aquellos logros de los cuales te sentirías más orgulloso ¿Qué escribiría en esa lista?

¿Qué te gustaría lograr con tu vida si tuviera el tiempo, el dinero, el talento, la salud y el apoyo de tu familia de manera ilimitada?

¿Qué clase de actividades desearías estar disfrutar aún más en compañía de tus familiares y amigos? ¿Qué nuevas habilidades te gustaría desarrollar?

¿Cuáles son aquellos sueños, aspiraciones e ideales que verdaderamente deseas alcanzar? ¿Dónde desearía encontrarte dentro de los próximos 2, 3 a 5 años?

¿Qué clase de actividad te gustaría estar desempeñando?

¿Qué ciudad quieres conocer? ¿En qué casa quieres vivir?

¿Qué persona quieres conocer para una relación de pareja?

¿Qué clase de automóvil quieres manejar? ¿A dónde viajarías o qué país visitarías?

¿En qué clase de servicio comunitario quisieras participar?

LA VISUALIZACIÓN DE LOS SUEÑOS SON LOS MÁS GRANDES CREADORES DE NUESTRA REALIDAD *"Los grandes logros comenzaron como un sueño en la mente de una persona. Al igual que todo ser se encuentra en la semilla que lo engendra, el roble duerme en la bellota, el ave espera en el huevo; él bebe se desarrolla y crece en el vientre de la madre. Pero los sueños son las semillas de grandeza que espera impaciente en tus pensamientos para hacerse realidad. ¡Querer es poder! ¡Soñar es lograr! Visualizar tus objetivos es crear en la mente la realidad que sabes que indudablemente está por venir". -JAMES ALLEN.*

EL PODER DEL ESTABLECIMIENTO Y LA DEFINICIÓN DE METAS PARA EL LOGRO DE OBJETIVOS "Comprendan cabal y claramente que es lo QUÉ realmente quieren lograr alcanzar en cada aspecto de su vida. Tenga METAS y OBJETIVOS claros, bien definidos y establecidos paso a paso. Esto evitará que se ponga a perder el tiempo en no saber qué hacer ni por DÓNDE comenzar. CUANDO usted sabe el PORQUÉ y con QUIEN desea compartir sus triunfos, esto hará que se ponga en marcha a ejecutar su COMO plan de acción hasta conseguirlo. Pero sobre todo le permitirá ponerse en marcha enfocado en el resultado final, centrado en su visión y misión de propósito"

-. COACH TRANSFORMACIONAL YLICH TARAZONA. -

VISUALIZA TUS SUEÑOS:

Para materializar los sueños; en la vida real, tienes que imaginártelos vívidamente, sentir la sensación de haberlos logrado YA, tenerlos presentes en cada momento e instante de tu vida, todos los días, bien sea en tu casa u oficina.

Podrías recortar imágenes de revistas específicas de tus sueños y ponerlas en lugares visibles para ti, hacer un tablero de visión o cartelera de los sueños, igualmente escribirlo en tu agenda o diario personal. Esto te ayudara a recordar tu deseo ardiente constantemente y te motivara a desarrollar tu Negocio Multinivel.

Cuanto más específico seas; mucho mejor será la visualización, recuerda que la mente humana nunca hace diferencia entre un suceso real y uno imaginado. Por eso la visualización es tan efectiva.

Este ejercicio te ayudará a mantener tu batería cargada a su más alto nivel, serás un ejemplo para tu organización, pero sobre todo te mantendrás alegre y <u>Enfocado</u>.

Recuerda que somos *creadores* de nuestra realidad, las personas somos como imanes, <u>atraemos</u> todo en lo que pensamos y en lo que enfocamos nuestra energía la mayor parte del tiempo.

EL PODER DE LOS SUEÑOS, METAS Y OBJETIVOS
"Si usted puede soñar con eso que desea lograr, usted puede hacerlo"
-. WALT DISNEY

"Tú nunca conseguirás alcanzar aquello que quieres… Tú solo lograrás alcanzar aquello que puedas visualizar claramente"
-.ZIG. ZIGLAR. -

ESTABLECE TUS SUEÑO, TU VISIÓN PERSONAL

- ¿Cómo te ves en los próximos 2, 3 a 5 años?

¿Qué es lo que realmente quieres Lograr Alcanzar en esta Industrial del Network Marketing Multinivel, con la Oportunidad que las Redes de Mercadeo te Ofrecen?

Visualízalo, Siéntelo hazlo parte de TI y Escríbelo detalladamente.

EL PODER DE UNA VISIÓN
"Prefiero los sueños del futuro que la historia del pasado"
-THOMAS JEFFERSON.

"Las METAS claras y por escrito te transforman de una persona con metas vagantes en una persona con un PROPÓSITO específico"
-.ZIG. ZIGLAR. -

2.- CONCRETE SUS METAS

- **Cuando lo Quiere Alcanzar**

¿Qué son las *Metas*?... Las metas son como los faros que guían nuestras decisiones e iluminan nuestros caminos rumbo al destino que hayamos escogido, las metas se convierten en el mapa o dirección que nos llevaran del lugar donde nos encuéntranos actualmente, el <u>PUNTO A</u> hasta el destino final a donde realmente queremos estar el <u>PUNTO B</u>.

<u>Las METAS comienzan a aparecer cuando nos comprometemos a convertir nuestros sueños en realidad, tomamos conciencia de nuestro propósito y misión de vida, creando y desarrollando un plan de acción concreto y bien definido, que nos permita lograr cada uno de nuestros objetivos en un lapso de tiempo establecido previamente.</u>

Las *METAS* a la vez; nos permiten tomar acción de manera constante para desarrollar nuestro Negocio Multinivel de forma profesional, proporcionándole sentido y valor a nuestra vida.

En la *Industria del MLM*; el concepto de *Multinivel* que desarrollamos a través de las *Redes de Mercadeo*; hay METAS muy básicas pero vitales en el proceso del crecimiento de tu negocio, estas son: *cuanto volumen de productos moverás al mes, cuantas llamadas telefónicas* harás por día, *cuantas Presentación de Oportunidad* enseñaras, *cuantas reuniones de seguimiento* establecerás, *cuantas llamadas de motivación* realizaras a tus desarrolladores, entre otras. Estas METAS hacen parte del proceso a seguir día a día.

Antes de avanzar, al siguiente paso siéntate con tú patrocinador, líder o algún miembro de tu línea de auspicio para *establecer tus metas* a: corto, mediano y a largo plazo. Junto a ellos; podrás determinar el tiempo en que quieres alcanzarlas cada una de ellas y el *plan de acción* a seguir paso a paso.

Desarrollar la red; es una meta de vital importancia en el desarrollo del Negocio, ya que el *100% de cero (0) personas es igual a cero (0) ganancias.*

Por tal razón una de las <u>Principales Metas</u> al iniciar tu negocio, debe ser la de PATROCINAR personalmente *a tus primeros 10 a 15 Desarrolladores y Líderes de Negocio* para comenzar a la multiplicación exponencial de tu organización.

En función de tus objetivos y del tiempo que le dediques a la construcción de la RED, tu mentor te ayudara a establecer las metas de: *Cuantas presentaciones del Negocio y Plan de Oportunidad enseñaras, cuantas presentaciones personales 1ª1 Uno a Uno, cuantas Reuniones en Casa, cuantas charlas de productos, cuantos nuevos clientes, cuanto nuevos contactos, cuantas invitaciones, cantidad de personas invitada* a los eventos promovidos por la compañía, el Equipo y El Sistema de Formación del Portal **NETWORKERS** del Siglo XXI ®. Recuerda que... "Un sueño sin un plan de acción, se convierte en una ilusión".

VISIÓN, MISIÓN Y PROPÓSITO

"Solo; cuando pienses en grande, cuando pienses que puedes, cuando tengas la convicción y certeza que lo vas a lograr y determinas salir de tú zona de confort. Y comienzas a perseverar en tú visión y misión de propósito, hasta lograr alcanzar todas y cada una de tus más anheladas metas y pongas en acciones tus planes para ir firmemente tras tus sueños y comiences a creer en ti. Entonces es ahí; que empezaras a disfrutaras de los resultados de haber conquistado tus objetivos antes propuestos" ...
— **COACH TRANSFORMACIONAL YLICH TARAZONA.**

TOMANDO EL CONTROL DE TU VIDA – Definiendo metas a corto, mediano y largo plazo.

Éste ejercicio tiene como objetivo; concretar nuestros METAS, en plazos determinados y definir las fechas bases para su cumplimiento. Cuando programamos nuestra mente; con nuestra misión y visión de propósito, hay mayores probabilidades de éxito en lograr conquistar nuestros más anhelados sueños y aspiraciones.

• **Metas para los próximos 7, 15 y 21 días hasta el 3er Mes.**
Mi META a Corto Plazo es

• **Concrete sus Metas para los próximos 06 Meses hasta los siguientes 2 Años.**
Mi META a Mediano Plazo es

• **Concrete sus Metas para los próximos 3 Años hasta los siguientes 5 Años.**
Mi META a Largo Plazo es

• **Concrete sus Metas para los próximos 6 Años hasta los siguientes 10 Años.**
Mi META a Largo Plazo es

• **Concrete sus Metas para los próximos 10 Años hasta los siguientes 20 Años.**
Mi META a Largo Plazo es

"Usted puede tener en la vida todo lo que desean. Si solo ayudan, a otros a lograr lo que ellos quieren". -**ZIG ZIGLAR**. Conferenciante motivacional norteamericano.

COMENZAMOS VISUALIZANDO LO QUE QUEREMOS Y TERMINAMOS MATERIALIZANDO NUESTROS SUEÑOS A LA REALIDAD "Si quieres una cualidad, actúa como si ya la tuvieras. Prueba la técnica del «como si ya»"
-. **WILLIAM JAMES.** -

3.- DETERMINE SUS COMPROMISOS

• **Porque Desea Alcanzarlo**

DETERMINE SUS COMPROMISOS

Comprométase con Usted Mismo
(Sus Sueños, Metas y Objetivos)
Comprométase con La Visión
(El Concepto de la Industria y La Oportunidad de Negocio)
Comprométase con La Empresa
(Sea Leal a la Compañía y a sus Productos)
Comprométase con El Sistema Educativo
(Sistema de Formación Empresarial)
Comprométase con El Equipo
(Patrocinador y Línea de Auspicio)
Comprométase con Los Principios
(Valores enseñados por los NETWORKERS del Siglo XXI ®)

DETERMINE SUS COMPROMISOS

En mis años como emprendedor en esta industria, muchas veces pude observar a personas de mi organización que trabajan todo el día y todos los días, pero sin embargo no lograban generar resultados acordes a sus aspiraciones. Al conversar con ellos para orientarlos; por lo general, pude llegar a la conclusión de que: <u>no estaban comprometidos con las tareas que realmente eran productivas para obtener los resultados deseados, y hasta en ciertos casos estabas desviados de la visión</u>.

Según las estadísticas, un *20%* de las tareas que efectuamos en nuestro negocio, producen el 80% de los resultados, y viceversa. O sea, que podemos estar muy activos; pero poco productivos. Es decir; que tal vez, estemos comprometidos en el 80% de las tareas que tan solo nos producen un *20%* de los resultados esperados. Por tan razón es importante evaluar las tácticas y estrategias que estamos aplicando para general los resultados...

A continuación, te orientare para que sepas en que enfocarte y comprometerte para lograr tus objetivos dentro de esta gran Oportunidad que te ofrecen las Redes de Mercadeo

COMPROMÉTETE...

... A motivar a tus DESARROLLADORES hasta convertirlos en líderes.

... A enseñar a tus LÍDERES a *Duplicarse* junto con sus Desarrolladores, cada uno según su compromiso.

... A cubrir con tu cuota de activación mensual y mover los volúmenes de productos requerido por la compañía, y Enseñar a tu Organización hacer lo Mismo.

COMPROMÉTETE...

... Con tu Equipo y la línea de auspicio, recuerda que ellos confiaron en ti y son parte del equipo con que cuentas para conquistar tus sueños.

... Con los clientes, distribuidores y desarrolladores que afilies al negocio, recuerda que ellos entraron por ti; y ellos llegaran tan lejos como tú lo visualices.

... Con tu proceso de formación empresarial permanente y la de tus nuevos asociados y desarrolladores, así todos lograran como equipo desarrollar el Negocio Exitosa y Profesionalmente.

COMPROMÉTETE...

... Con el Sistema Educativo y el *Equipo de apoyo*; del cual eres parte, en la organización que representas.

... Con la Visión y Misión de la *Compañía*.

COMPROMÉTETE...

... Con el respaldo que te brinda el *Sistema Integral Formación del portal* NETWORKERS del Siglo XXI ®

LA MOTIVACIÓN ES UN PROCESO DIARIO QUE DEBEMOS HACER PARA MANTENERNOS ENFOCADOS *"La gente dice que la MOTIVACIÓN no dura. Tal vez para mucho eso sea verdad... Bueno, pero recuerden que tampoco bañarse dura todo el día. Por eso recomiendo hacer AMBAS COSAS MOTIVARSE y bañarse diariamente."*
- ZIG ZIGLAR. -

EL PODER DE LA ACCIÓN, LA EJECUCIÓN Y EL ENFOQUE
"Entre mayores sean tus esfuerzos y constante dedicación a una meta preestablecida con anticipación y planeación. Mejores serán los resultados y los logros obtenidos"
-. **COACH TRANSFORMACIONAL YLICH TARAZONA.** -

¿QUÉ ES EL COMPROMISO?

Compromiso es lo que transforma una PROMESA y un SUEÑO en realidad. Es la palabra que habla con coraje de nuestras intenciones. Y las acciones que hablan más alto que las palabras. Es hacerse del tiempo cuando no lo hay. Es salir airoso una y otra vez; año tras año, tras la adversidad. Compromiso es el factor clave que forja el carácter; es el poder de cambiar y transformar las cosas. Es el triunfo diario de la integridad sobre el escepticismo.

Hay muchas personas que hablan sobre el compromiso, y otros que "_son el compromiso_".

Los integrantes de la NETWORKERS del Siglo XXI ® "*somos el compromiso*"; Únete...

IMPORTANTE: *Establezca compromisos sólidos para asegurar las bases del ÉXITO en esta gran Oportunidad de Negocio Multinivel.* Su primer compromiso debe ser *Conectarse 100% al Sistema de Negocio creado por la compañía, Conectarse 100% al Equipo, que usted representa, y Conectarse 100% al respaldo que te brinda el portal* NETWORKERS del Siglo XXI ®. Su segundo compromiso debe ser Completar 100% los Ejercicios del PATRÓN DE ACCIÓN, que hemos incorporado en *sistemáticamente* en este manual de instrucciones.

Si usted se *compromete 100%* a cumplir fielmente con los compromisos de completar cada uno de los ejercicios. Le prometo que esos sueños, metas y objetivos funcionarán para usted. La preparación, la disciplina y la determinación son factores muy importantes para el logro de los RESULTADOS. Es sencillo seguir el PATRÓN DE ACCIÓN, pero nada se logra sólo con leer campeones y campeonas, hay que realizar y completar los ejercicios, poner en práctica cada una de las acciones asumidas para producir los resultados esperados.

Si usted se *compromete 100%* a poner en práctica fielmente los pasos del *Sistema Integral de Formación Empresarial*, creados por el portal NETWORKERS del Siglo XXI ® ella funcionará para usted. _El Modelaje, la Duplicación y la Repetición son factores muy importantes para la construcción de una organización sólida, estable y productiva_. Es sencillo seguir el *Sistema de Formación;* pero nada se logra sólo con leer, hay que poner en práctica cada una de las acciones, para producir los resultados, así que pongámonos en acción.

METAS y COMPROMISOS PARA DESARROLLAR MI NEGOCIO

- Mi Compromiso y Meta para los Primeros 7, 14 y 21 Días es:

Sugerencia: Afiliar a un promedio de 10 a 15 nuevos Clientes, Distribuidores y Líderes Comprometidos en Hacer el Negocio, en mi Primer Mes.

- Mi Compromiso y Meta de Tiempo es:

Sugerencia: Dedicar de 10 a 16 horas a la Semana a la Construcción de la RED.

- Mi Compromiso con la Meta de Liderazgo es:

Sugerencia: Motivar a mis Líderes Comprometidos a Aplicar el Sistema y Duplicarse.

- Mi Compromiso con la Meta de Crecimiento es:

Sugerencia: Mantenerme Activo, Consumir, Mover y promocionar los Producto y Calificar a una Posición de liderazgo en mis primeros 21 Día.

- Mi Compromiso con la Meta de Ingresos Mensual es:

Sugerencia: Crear un flujo de ingreso semanalmente, Consumir el Producto y Tener un movimiento de volumen Quincenal, a través de Clientes Preferentes y Activar el Generoso Plan de Compensación, para generar Ingresos por medio de las distintas formas ganar.

- Mi Compromiso con el Sistema Educativo y el Equipo de mi Compañía es:

Sugerencia: Apoyar en las Reuniones, Actividades, Eventos y Presentaciones de Oportunidad, Respaldar a mi Equipo y a TODA la Organización de la Compañía.

LOS COMPROMISOS DETERMINAN TU COMPROMISO *«Cualquier cosa menor que un compromiso consciente de lo que es realmente importante para TI; es un compromiso inconsciente de lo que es trivialmente sin importancia para nadie».* **-STEPHEN R. COVEY.**

MI COMPROMISO CON LA EXCELENCIA 1 parte

Yo, _____ **ME COMPROMETO** contigo _____
Seguir fielmente los pasos del *Sistema Integral de Formación Empresarial creados por* el portal NETWORKERS del Siglo XXI ®.

Incluyendo la asistencia a las *Reuniones Semanales*, *Presentación de Oportunidad* y otros *Eventos de Capacitación*, entrenamiento, formación y liderazgo Virtuales Online o Presenciales, patrocinados por la Compañía y el Equipo.

Me comprometo: a cumplir todos y cada uno de mis más anhelados sueños que he definido en el paso 2 de mi *Cuaderno de Planificación* y las metas que me he establecido en la actividad de *Mis Compromisos para mis primeros 21 Días.*

Me comprometo: *a dejarme guiar* por mi patrocinador, línea de auspicio, El Equipo y seguir los pasos necesarios para hacer, que las bases de mi Negocio Multinivel prosperen. Y así obtener la clase de vida que merezco. Porque sé; que puedo lograrlo.

Me comprometo: hablar por lo menos de 3 a 5 nuevas personas al día de la Oportunidad de Negocio que ofrece el MLM y trabajar junto con el Equipo y el portal NETWORKERS del Siglo XXI ®. Para desarrollar la red y hacer crecer mi organización, sólida, estable y productiva.

Me comprometo: a invertir un mínimo de 10 a 16 horas semanales a mí Negocio Multinivel.

Me comprometo: a mantenerme activo con mi cuota mensual en cada ciclo y Consumir fielmente los Productos de la Compañía y mantener el movimiento de volumen bien sea quincenal o mensual.

Firma del Desarrollador: _____ Fecha: _____

MI COMPROMISO CON LA EXCELENCIA 2 parte

Yo, _____ me comprometo contigo _____ a:

Enseñarte en el inicio de tu Negocio Multinivel; los pasos a seguir, de *los Ciclos Maestros de la Duplicación y la Multiplicación en el Network Marketing* y MOLDEARTE como se da el *Plan De Negocio* y *Presentación de Oportunidad* hasta que lo aprendas.

Me comprometo: a llevar a cabo mensualmente una *Planificación Empresarial*; con el propósito de *Realizar Un Plan de Acción*, concreto y bien definido. Que te permita poner en marcha tú Negocio de Redes con éxito y *Lograr Resultados Permanentes* en tu organización

Me comprometo: a formarte en el inicio de tu carrera como <u>NETWORKER PROFESIONAL</u> Empresario y Líder dentro de la Industria de la Comercialización por Red de Mercadeo y desarrollar estrategias regularmente que permitan lograr los objetivos antes propuestos.

Firma del Patrocinador: _____ *Fecha:* _____.

Tengo la firme convicción y la certeza que el resultado final que alcance con la oportunidad de negocio que me ofrece el MLM; será una consecuencia de mi determinación, esfuerzo personal, y disciplina con la ejecución del Sistema y Plan de Acción de la misma...

DISCIPLINA, PROACTIVIDAD Y PRODUCTIVIDAD
«Ser proactivos es mucho más que simplemente tomar la iniciativa, es entender que nuestra conducta debe ser en función de nuestras decisiones y nunca de nuestras condiciones». - ***STEPHEN R. COVEY***

4.- ELABORE SU PLAN DE ACCIÓN

- **Enfóquese en Generar los Resultados**

- Identifique como Desarrollar su Negocio *(Comprenda el Plan y Desarrolle la Red)*
- Agende y Planifique con su Líder un Plan *de Acción para los primeros 7, 15 y 21 días* hasta el 3er Mes
- *Establezca junto con el Equipo y su Línea de Patrocinio* (UPLINE) *las acciones a tomar* para iniciar este paso II

PLAN DE ACCIÓN

A diferencia de muchas otras actividades; puedes iniciar este negocio, sin conocimientos previos. Porque mientras comienzas a desarrollarlo junto a la Compañía, el *Equipo,* tu línea de auspicio y el respaldo del portal NETWORKERS del Siglo XXI®, podrás aprovechar las herramientas que te proveemos en nuestro *Sistema Integral de Formación Empresarial.*

NETWORKERS del Siglo XXI ® *te* provee de: herramientas de última generación, entrenamientos virtuales ONLINE y presenciales actualizados, así como también una gran variedad de Videos DVDs, Audios CDs, Material Impreso, Manual de Instrucción, Cuaderno de Planificación y un Sistema Interactivo a través de su Blog tipo Pagina WEB, Redes Sociales, Skype, Facebook, Twitter, YouTube, Google entre otros, que te permitirán estar al día con tu negocio.

A la vez que pone a tu alcance el *Sistema Integral de Formación Empresarial*; a través de entrenamientos, reuniones semanales, capacitaciones de formación entre otros, patrocinadas por el portal NETWORKERS del Siglo XXI ® que te permitirá aprender, directamente de *los Líderes y Empresarios de las diferentes organizaciones* que están triunfando y te muestran el camino que han recorrido para que tú; al igual que ellos, también puedas hacerlo.

OBJETIVOS DE LAS REUNIONES SEMANALES (OP Presentación del Plan de Oportunidad):

Que tus invitados puedan ver la presentación de negocio, explicada por otros líderes; y puedan ver que hay más desarrolladores y empresarios de la zona, teniendo resultados.

Seguimiento para las personas que han escuchado la oportunidad de Negocio recientemente en los últimos días, y están interesado en Consumir o Distribuir los productos o ser parte de tu organización como Empresarios Independientes.

Aprender a dar la Presentación del Plan de Oportunidad, a través del MODELAJE de los Líderes y Empresarios comprometidos que ya experiencia y los tienen resultados.

OBJETIVOS DE LOS TALLERES DE ENTRENAMIENTO:

- Entrenamiento de la Presentación del Plan de Oportunidad y la VISIÓN del Concepto de las Redes de Mercadeo o Network Marketing Multinivel.
- Planificación y Desarrollo de estrategias para Maximizar las *Redes y Organizaciones.*
- Entrenamientos de Productos para *Líderes y Desarrolladores comprometidos.*

OBJETIVOS DE LOS RALLY, CONFERENCIAS, NOCHES DE ÉXITO, CENA DE GALA y CONVENCIONES.

Estos son los eventos más grandes, patrocinados por la Compañía, el Equipo y la **NETWORKERS** del Siglo XXI ® *donde* tendrás la oportunidad de compartir con personas de distintas ciudades y países de todo el mundo.

Veras distintos líderes, Empresarios, Networkers y desarrolladores comprometidos, siendo reconocidos por sus logros; así como también TÚ serás reconocido por los tuyos.

Escucharas *Historias de Éxito* de Empresarios Comprometidos provenientes de distintas profesiones, clases socio-económicas y culturales; que te ayudaran tanto a Ti, como a otros miles de personas a sentirse identificados dentro del Equipo y la Oportunidad.

Principios Universales Para Desarrollar Exitozamente Tú Negocio Multinivel de forma Profesional

PLAN DE ACCIÓN SEMANAL

Semana del: _____ **al:** _____.

PLAN DE ACCIÓN	Metas	Lun	Mar	Mie	Jue	Vie	Sab	Dom	Total
Preparación de la Presentación									
Invitaciones Realizadas									
Llamadas Telefónicas									
Presentaciones de Negocios Realizadas									
Presentación del Plan OP 1ª1									
Personas Nuevas Inscritas Personalmente									
Personas Inscritas en Líneas Descendientes									
Asistencia a los Multiplanes y Eventos									
Asistencia a las Reuniones Principales									
Personas Nuevas Llevadas a la Reunión									
Movimiento y Volumen de Productos									
Nuevas Referencias Obtenidas									
Nuevos Prospectos Añadidos a la Lista									
Entrega de Material de Prospección									
Entrega de Material de Seguimiento									
Nuevos Desarrolladores Inscritos									
Nuevos Líderes Comprometidos									
Seguimientos Realizados									
Planificaciones Empresariales									
Preparación y Desarrollo Personal									
Audio-Libros Escuchados									
Video-Conferencias Vistos									
Numero de Pagina Leídas de mi Manual									
TOTAL									

A parte de este *Plan de Acción Semanal*; hemos desarrollado una secuencia de pasos, que si los aplicas de manera sistemática te ayudaran a concretar tus metas y compromisos.

1. *Hacer una lista de familiares, amigos y conocidos.*
2. *Invitar a tus prospectos, a las reuniones de negocio.*
3. *Presentar la Presentación del Plan de Oportunidad y los productos.*
4. *Auspiciar a tus líderes y desarrolladores comprometidos.*
5. *Hacer el seguimiento y la planificación de los nuevos líderes y afiliados.*
6. *Verificar el progreso de tu organización y planificar con tus líderes mensualmente.*
7. *Duplicarte a través del MODELAJE y la aplicación constante del sistema educativo.*

¿QUE DISTINGUE A LOS GANADORES DE LOS PERDEDORES?
"Que los GANADORES se concentran en todo momento en lo que ellos saben que pueden hacer bien, sus talentos, fortalezas, competencias, habilidades y destrezas. Aunque reconocen que tienen debilidades; nunca se enfocan en ellas, sino trabajan sobre ellas... Mientras que los perdedores se dispersan pensando en todo momento en aquellas cosas que no quieren hacer mal; enfocándose en sus debilidades, limitaciones y falta de talento, aunque saben que tienen fortalezas, parece que jamás se percatan de ellas... Si eres bueno persuadiendo vendiendo o comunicándote, entonces enfócate en esas potencialidades, y tus debilidades se harán fuertes a medida que trabajas en ellas poco a poco, sin dejar a un lado aquellas cosas en la que sabes que eres realmente bueno... Aquí radica la gran diferencia que marca la diferencia entre los GANADORES y perdedores, la forma de actuar antes las adversidades"
-. **COACH TRANSFORMACIONAL YLICH TARAZONA.** -

Principios Universales Para Desarrollar Exitozamente Tú Negocio Multinivel de formaProfesional

CALENDARIO DE ACTIVIDADES MENSUAL

CALENDARIO DE ACTIVIDADES MENSUAL. Mes: _____ Calificación: _____

Semanas Par / Impar	Lunes	Martes	Miércoles	Jueves	Viernes	Sábado	Domingo
1 SEMANA							
2 SEMANA							
3 SEMANA							
4 SEMANA							
5 SEMANA							

CAPÍTULO II: EJECUTANDO EL PLAN DE ACCIÓN

LOS 10 PRINCIPIOS MAESTRO DE LA DUPLICACIÓN Y LA MULTIPLICACIÓN EN EL NETWORK MARKETING

EJECUTAR EL PLAN DE ACCIÓN, TOMANDO EL CONTROL DE TU NEGOCIO. CREAR UNA ESTRUCTURA ORGANIZACIONAL SÓLIDA ESTABLE Y PRODUCTIVA. -

Expandiendo la Visión, Creando la Plataforma Organizacional

• Estos Primero 4 Principios del *CICLO DE LA MULTIPLICACIÓN* son muy activos y requieren de mucha *Acción, Disciplina y Constancia*. Los 2 primeros pasos te permitirán *concentrar tus esfuerzos y canalizarlos* en la dirección correcta con la que quieras comenzar tu negocio. Los otros 2 te *permitirán impulsar tu Negocio Multinivel al siguiente nivel*.

SEPA LO QUE QUIERE Y HACIA DÓNDE VA

1.- HAGA UNA LISTA DE PROSPECTO
- Líderes y Desarrolladores de Redes
- Consumidores y Distribuidores
- Lista de Referidos entre otras.

2.- Invite a sus Prospecto
- Presentaciones del Plan de Oportunidad
- Reuniones Principales del Equipo y el Sistema

3.- Organice sus Presentaciones
- Reunión de Casa
- Presentación 1ª1
- Reuniones Principales o Multiplanes

4.- Presente la Oportunidad OP
- Concepto del Negocio y Plan de Oportunidad

1.- HAGA UNA LISTA DE PROSPECTO

- Líderes y Desarrolladores de Redes
- Regional, Nacional e Internacional

HACER UNA LISTA DE PROSPECTOS:

Esta lista debe ser dinámica, es decir se deben incorporar nuevos nombres todos los días a la misma. Recuerda que cuanto más grande y completa sea la lista, más posibilidades de éxito tendrás. Ningún negocio de *distribución por redes de mercadeo* y *comercialización multinivel*; funciona sin esta lista, imagina lo que sería el negocio de un vendedor de pólizas de seguros, sin una lista de prospectos a quien llamar. Si tú estás aplicando este *Plan de Acción*; es porque en algún momento, alguien te puso en una lista.

> Recuerda que los ingresos residuales que generamos como ganancias por nuestro negocio MLM; proviene de los volúmenes de productos que movemos, tanto individual como grupal y la construcción de la organización dentro de la industria de mercadeo en red.

Y estos solo puede ser posible, a través del patrocinio constante en nuestra estructura de nuevos clientes, distribuidores y desarrolladores. *Algunas personas de tu lista van a iniciar el negocio y otras no.* A las que no inicien el negocio; les puedes pedir referidos, en cualquiera de las 3 categorías, esto te va a ayudar a agregarlos a tu lista.

PASOS PARA HACER UNA LISTA DE CALIDAD

Con la ayuda de tu agenda y de tu memoria comienza a organizar todos tus contactos en una lista. Esto puede ser en la plantilla realizada por la **NETWORKERS del Siglo XXI ®**, que se muestra en las próximas páginas o puedes utilizar un block de hojas, como lo prefieras. Lo importante es que anotes todos los nombres y dejes espacio para completar con los teléfonos, mail, redes sociales (Skype, Facebook, Twitter, Google +, YouTube, LinkedIn, Blog).

Además, que puedas ir haciendo anotaciones de lo que sucede cada vez que los llames. *Es muy bueno que dividas tú lista en:* local, regional, nacional e internacional, Lista Caliente Familiares, Amigos y Conocidos, Lista de Clientes, Distribuidores, Referidos y Contactos al Frio

LISTA DE EJERCITACIÓN MENTAL

En la lista van todos tus conocidos sin pensar si pueden o no hacerlo, si le gustará o no, si tiene tiempo o no, si tiene dinero o no. *Dejemos que cada uno de ellos decida por sí mismo, sin prejuzgarlos.*

Ya que nos hemos sorprendido con personas que pensábamos que no harían el negocio, o consumirían el producto y resultan con grandes organizaciones o nos presentan a alguien que lo hace en grande, así que invita a todos y HAS QUE LAS COSAS SUCEDAN...

Debes tener en la lista en tu primera semana; de entre 100 A 200 personas como mínimo, de esta manera tendrás personas con quien trabajar y encontrar a tus primeros clientes, desarrolladores y *líderes comprometidos en desarrollar la Red de Comercialización.*

Recuerda que la oportunidad que ofrecemos, tiene que ver con el estilo y calidad de vida de las personas; bien sea en *(Tiempo, Dinero o Salud)*. Hay gente que se interesara por las *tres (3) opciones* mientras otras solo por *una o dos (1 o 2) de ellas*, así que por estas razones; nuevamente TE RECOMENDAMOS, PONER A TODOS A QUIENES CONOZCAS EN TU LISTA.

DOS TIPS QUE TE AYUDARAN A NO PREJUZGAR

1. Nunca se sabe a quién le va a interesar y a quien no, hasta que les presentes la oportunidad de Negocio y le des a conocer los productos y servicios que ofreces.

2. Nunca se sabe a quién ÉL conoce, que tú no conoces aún.

Repasa la lista que se presenta a continuación y pregúntate a ti mismo "¿A quién he conocido alguna vez; ¿que sea o haya sido, ___?".

Recuerda que todavía no necesitas números telefónicos o direcciones, tampoco nombres propios si no los sabes. Simplemente anota cualquier persona que recuerdes, incluyendo al empresario, profesional, dueño de negocio, la cajera del supermercado, el hombre que corta el césped de tu casa y la pareja propietaria de la florería local. Ahora solo estás recordando. .. *más adelante llenaremos la lista de prospectos y la lista de referidos.* **"ESTA LISTA TIENE EL PROPÓSITO DE ACTIVAR TU MEMORIA"**

COLEGAS DEL TRABAJO:
Gerente/Supervisor
Secretaria/Recepcionista
Asistente de ventas
Guardia de seguridad

PERSONAS QUE...
Perdieron el trabajo
Van a ser despedidas
Jubiladas o Retiradas
Personas que trabajan por cuenta propia
Están buscando nuevo empleo
Necesitan trabajo "part-time"

FAMILIARES Y AMIGOS:
Esposo/a
Hijos adultos
Madre/Padre
Hermana/Hermano
Cuñada/Cuñado
Tía/Tío
Prima/Primo
Padrino/Madrina
Mejores amigos

COLEGAS DE LA ESCUELA:
Director/a
Maestros/Asistentes
Director de coro/orquesta
Consejero familiar
Enfermera de la escuela

GENTE EN ACTIVIDAD DE:
Enfermero/a
Especialista - Médico/a
Dentista /Quiropráctico
Farmacéutico
Nutricionista / Naturista
Policía / Bombero

Conductor de ambulancia
Escritor/a - Periodista
Maestro/Docente
Bancario/Cajero
Contador/Abogado
Manicurista/Pedicuirista

DISTRIBUIDOR/A INDEPENDIENTE DE:
Artículos Tupperware
Ventas por Catálogo
Ventas de Productos
Artículos de Belleza, Avon, L-bel
Productos Jafra, Mary Kay
Productos Forever Living
Productos Natural Sunshine
Productos Herbalife, Omnilife
Productos Nu-Skin, FuXion
Productos Amway, TelexFree
Productos TalkFusión, 4Life
Productos L´eudine, Illusión, Unicity
Productos Xango y Órgano Gold
Trabajadores independientes

PERSONAS QUE TRABAJAN DE:
Mecánico automotriz
Encargado estación de servicio
Representante telefonía móvil
Empleado de grandes tiendas
Empleado de galería comercial
Empleado alquiler de películas
Carnicero / Cocinero / chefs
Camarera / Barman / Lavaplatos
Dueño de negocio/Empresario
Orador público, conferencista
Fotógrafo- Tipógrafo
Locutor de radio / productor
Artista, Músico, Pintor
Familiares, Amigos y Conocidos

En esta lista pudiste *RECORDAR* personas que conociste o quizás conoces muy poco, pero en tus actividades diarias seguirás conociendo personas que pueden estar buscando una ALTERNATIVA FINANCIERA o un Plan B, y que estarán dispuestos a recibir la información y escuchar la *Presentación de Oportunidad* o conocer tus *Exclusivos Productos*.

En esta misma guía te pusimos un espacio para que continúes agregando personas a la lista.

Recuerda que la promoción de tu Negocio; depende de ti, si lo mantienes en secreto, te costara mucho encontrar consumidores y desarrolladores comprometidos.

TRABAJO EN EQUIPO
"Unirse es un comienzo. Mantenerse juntos es un progreso. Pero Trabajar juntos en Equipo es un Logro de Éxito". — **HENRY FORD**

El personal determina el potencial del equipo. La visión determina la dirección del equipo. El trabajo determina la preparación del equipo. El Mando determina el éxito del equipo"
-. JOHN C. MAXWELL. -

LISTA DE PROSPECTOS

Nº	NOMBRE Y APELLIDO	Teléfono Móvil o Fijo	Correo / E-mail	Observaciones
1				
2				
3				
4				
5				
6				
7				
8				
9				
10				
11				
12				
13				
14				
15				
16				
17				
18				
19				
20				
21				
22				
23				
24				
25				
26				
27				
28				
29				
30				
31				
32				
33				
34				
35				
36				
37				
38				

Fecha: _____

LISTA DE CONSUMIDORES

Nº	NOMBRE Y APELLIDO	Teléfono Móvil o Fijo	Correo / E-mail	Observaciones
1				
2				
3				
4				
5				
6				
7				
8				
9				
10				
11				
12				
13				
14				
15				
16				
17				
18				
19				
20				
21				
22				
23				
24				
25				
26				
27				
28				
29				
30				
31				
32				
33				
34				
35				
36				
37				
38				

Fecha: _____

Principios Universales Para Desarrollar Exitozamente Tú Negocio Multinivel de forma Profesional

LISTA DE REFERIDOS

Nº	NOMBRE Y APELLIDO	Teléfono Móvil o Fijo	Correo / E-mail	Observaciones
1				
2				
3				
4				
5				
6				
7				
8				
9				
10				
11				
12				
13				
14				
15				
16				
17				
18				
19				
20				
21				
22				
23				
24				
25				
26				
27				
28				
29				
30				
31				
32				
33				
34				
35				
36				
37				
38				

Fecha: _____

LISTA A DISTANCIA

Nº	NOMBRE Y APELLIDO	Teléfono Móvil o Fijo	Correo / E-mail	Observaciones
1				
2				
3				
4				
5				
6				
7				
8				
9				
10				
11				
12				
13				
14				
15				
16				
17				
18				
19				
20				
21				
22				
23				
24				
25				
26				
27				
28				
29				
30				
31				
32				
33				
34				
35				
36				
37				
38				

Fecha: _____

LISTA CONTACTOS AL FRIO

Nº	NOMBRE Y APELLIDO	Teléfono Móvil o Fijo	Correo / E-mail	Observaciones
1				
2				
3				
4				
5				
6				
7				
8				
9				
10				
11				
12				
13				
14				
15				
16				
17				
18				
19				
20				
21				
22				
23				
24				
25				
26				
27				
28				
29				
30				
31				
32				
33				
34				
35				
36				
37				
38				

Fecha: _____

2.- INVITE A SUS PROSPECTO

Invite a sus Prospecto

- Reuniones Presentaciones de Oportunidad
- Reuniones en Casa, Principales o Multiplan

INVITAR NUEVOS PROSPECTOS:

Para algunos individuos es muy normal *hacer invitaciones haciendo contactos al frio*, con un desconocido; pero para la gran mayoría de las personas, no resulta tan fácil.

Por tal razón; si para ti esto es una actividad nueva, *puedes comenzar invitando* a la *Oportunidad de Negocio* a *tus familiares, amigos, conocidos, referidos y compañeros de trabajo compartiendo la Visión del Efecto Multiplicador* que ofrecen las redes de mercadeo.

Una de las maneras más sencillas para hacer invitaciones es establecer conversaciones diarias con las personas más allegadas, algunos de los temas que podríamos tocar; antes de hacer una invitación podrían ser los siguientes: 1 *la Familia*, 2 *el Tiempo*, 3 *el Trabajo*.

Te daré algunos ejemplos:

Uno de los temas de conversaciones más utilizados para establecer empatía con las personas con quienes nos relacionamos diariamente, seria comenzar la plática hablando sobre temas tales como LA FAMILIA, de manera amable y amena ya que esto permite romper el hielo.

Otro de los temas propicios para mantener una conversación con personas desconocidas o allegadas; es hablar sobre el factor TIEMPO. En este punto; es donde por lo general, se manifiesta otra de las necesidades "la falta de tiempo".

La mayoría de las personas están tan ocupadas; que pensar en tener más TIEMPO LIBRE, suena interesante y muchas veces esta es la oportunidad para *invitarles* a conocer cómo; con la *Industria del Network Marketing* a través de ésta oportunidad de Negocio dedicándole solo medio tiempo, puede generar ingresos adicionales extra que les permitirán gozar a futuro de mayor LIBERTAD.

Otro de los temas que podríamos incluir en nuestras conversaciones cotidianas podría ser sobre EL TRABAJO, Ya que son temas comunes de las cuales muchas personas acostumbrar hablar. Es muy probable que él o ella también te pregunten por tu nueva profesión o trabajo. Esta es la oportunidad perfecta para hacerle saber lo que haces. *Puedes decirle que estas desarrollando un negocio tipo franquicia manejado desde tu hogar, en el área de la comercialización multinivel conocida como redes de mercadeo y que últimamente has tenidos muchos resultados.*

Esto despertara el interés en la persona; y si la persona se interesara, podrías *invitarlo a una Presentaciones de Oportunidad* con tu patrocinador, a una *Presentación Personal 1ª1, o simplemente pedirles referidos,* es así de simple.

Hay muchas otras alternativas. Por lo tanto; te aconsejamos ir revisando, cuál te hace sentir más cómodo. Puede ser que simplemente te encuentres con un viejo amigo, le entregues tu tarjeta de presentación, y *lo invites directamente a una Presentación de Oportunidad, reunión principal, multiplan o charlas de productos.* A esta altura; como ya te conoce bastante bien, puede aceptar la invitación de manera inmediata.

NUESTRA ACTITUD, REFLEJA NUESTRO CARÁCTER
*"Somos lo que hacemos día a día, de modo que la excelencia no es un acto, sino un hábito y un estilo de vida". - **ARISTÓTELES***

"Siembra un acto y cosecharás un hábito. Siembra un hábito y cosecharás un carácter. Siembra un carácter y cosecharás un destino"
-. STEPHEN R. COVEY. -

INVITAR A LOS PROSPECTOS A LAS PRESENTACIONES DE OPORTUNIDAD

Aprovecha la pasión y la energía de tu entusiasmo para hacer las invitaciones. Porque eso es lo que percibirán tus invitados. *Para un comienzo rápido la mejor forma de iniciar, es <u>hacer dos (2) reuniones en casa en tu primera semana</u>* en tu *Negocio Multinivel*. Tu actitud y la convicción al invitar a las personas es la clave para que estas asistan. Tu patrocinador o líderes de la línea de auspicio junto al equipo **NETWORKERS** del Siglo XXI ® te ayudaran a invitar correctamente. Invita a todos; recuerda que, *esto es un negocio de relaciones, entre más personas invites, más probabilidades tendrás*.

Si tienes espacio para 10 personas <u>INVITA 30</u>, ya que a algunas personas se les puede presentar algo improvisto que les impedirá asistir a la reunión; y otras no tendrán siquiera la intención de hacerlo.

Como tu patrocinador o Líder Upline dispondrá de su valioso tiempo; para ayudarte en tus primeras reuniones de negocio, lo más correcto sería invitar a tantos invitados te sean posible, recuerda has que las cosas sucedan.

Sugerencias a tener en cuenta

Cuando invites a una persona el objetivo es despertar la curiosidad y conseguir una cita para explicar la oportunidad de negocio de una manera profesional por que *"nunca habrá una segunda oportunidad para causar una buena* PRIMERA IMPRESIÓN".

Actúa inteligente y profesionalmente, jamás expliques el negocio o hables del producto a medias; ya que a veces las personas mayormente prejuzgan la poca información que le suministraste, y toma decisiones apresuradas automáticamente, sin darse la oportunidad de escuchar el resto de la información.

Evita palabras como venta de productos o servicios, hable siempre de forma profesional y utilice términos como *Reunión Empresarial, Concepto de Negocio* u *Oportunidad Financiera*.

Recuerda que tu patrocinador o líderes de tu línea de auspicio son Empresarios y NETWORKER comprometidos y Desarrolladores de Negocio con resultados. Así que habla e invita con seguridad.

Cuando invites a una persona a la *Presentación de Oportunidad* ten presente que estas invitándola a ESCUCHAR un concepto de negocio que puede cambiar y transformar su calidad y estilo de vida.

Por lo tanto, tu actitud, postura y presencia deben ser la de un <u>EMPRESARIO EXITOSO</u>. Nunca digas que esto es una oferta de empleo o una oportunidad para trabajar, ya que esto le resta importancia al mensaje que queremos transmitir en sí.

Recuerda que lo que estamos ofreciendo es <u>*Un Concepto de LIBERTAD FINANCIERA, que a través del MULTINIVEL les permita a las personas tomar el control de sus vidas*</u>.

Se entusiasta en la llamada y se especificó en el día y hora de la cita; exige puntualidad y se puntual, deja tus números de teléfono por si le surge algún contratiempo, *confirma nuevamente la reunión de negocio a tus invitados unos días antes de la presentación*.

<u>Si es un matrimonio; invita siempre a la pareja</u>. Cuatro ojos, cuatro oídos y dos mentes ven, escuchan y piensan mejor que una. Esto te ahorrará tiempo y esfuerzo. <u>*Es mejor que los dos como pareja reciban la misma explicación, de los líderes comprometidos*</u>, los Empresarios y NETWORKERS con resultados que pueden transmitirle la información correctamente. Porque esto; les permitirá a ambos, tomar una mejor decisión como pareja y fortalecerá a la vez la relación matrimonial al momento de iniciar el negocio. Recuerda que, si uno de ellos no asiste a la presentación de oportunidad, el que asistió tendrá que explicarle el plan de negocio al que no se presentó.

"El ÉXITO no es un acontecimiento de un solo día, es un proceso que se repite toda la vida. Usted puede ser un ganador en su vida si se lo propone. YA QUE NACISTE Y ERES UN TRIUNFADOR desde el instante de la concepción... Recuerda: Las personas exitosas realizan actividades que les permitan ganar de vez en cuando; porque saben que tanto el triunfo, la victoria, así como la conquista son hábitos que deberían desarrollarse constantemente en su estilo de vida... Las personas exitosas; asimismo tienen presente que, perdiendo también se gana. Porque saben que cada fracaso los acerca más a su propósito y que cada derrota los fortalece y les enseña lo que deben mejorar. En fin y al cabo; tanto los triunfos como las derrotas, son tan importantes para el éxito, que cuando aprendemos de ellas nos hacemos más fuertes y merecedores de vivir ese estilo y calidad de vida extraordinaria por la que tanto nos hemos esforzamos día tras día" **-. YLICH TARAZONA. -**

INVITE SUS PROSPECTOS CORRECTAMENTE

Esperemos que a usted lo hayan invitado correctamente; a escuchar una presentación sobre un concepto de negocio, que podría cambiar y transformar su vida para siempre.

Es muy importante para su propio éxito personal; que usted comprenda, la diferencia entre hacer la "INVITACIÓN" y dar la "presentación" del plan (Presentación de Oportunidad). Ya que la mayoría de las personas pueden tomar una decisión inmediata; sin antes haberse tomado el tiempo suficiente para recibir una buena presentación del <u>Concepto de Negocio</u>, que les ofrece La INDUSTRIA DE Network Marketing Multinivel

Es de vital importancia en este punto comprender, que siempre debe estar atento de evitar hablar sobre su negocio o producto con un posible prospecto, sino puede hacer una *presentación* completa del plan. Por tal razón; le invitamos para que mientras usted aprenda correctamente a presentar la oportunidad financiera, pueda apoyarse en su equipo y líderes de su línea de auspicio, para que le <u>MODELEN</u> la presentación del Plan de Negocio correctamente.

INVITACIONES MODELOS

• ***Presentación y saludo inicial***
Hola que tal _____ *te habla* _____ *un gran saludo.*

Estableces la Relación, creas Rapport e introduces tu Invitación
Te llamo por lo siguiente, hay una oportunidad extraordinaria de negocio en mercadeo en red; que actualmente estoy desarrollando para generar ingresos adicionales, y me gustaría reunirme contigo para PRESENTARTE A UN EMPRESARIO EXITOSO que estará presentando una Oportunidad Financiera en mi casa, y quiero que como amigo estés ahí. Que día te parece mejor "Tengo disponible él _____ y el_____. ¿Cuál es el mejor momento para ti?" Fije claramente fecha, hora, y lugar.

• ***Presentación y saludo inicial***
Hola que tal _____ *te habla* _____ *un gran saludo.*

Estableces la Relación, creas Rapport e introduces tu Invitación
Te llamo para informarte, que estoy buscando un socio para expandir un negocio en la zona... ¿Estas abierto a realizar alguna actividad paralela a la que ya estás haciendo, que te permita generar ingresos adicionales a las que ya tienes?... "¿Por qué no nos reunimos para darte más detalles y mostrarte algunas formas potenciales de

ganancia? "Tengo disponible él _____ y el_____. ¿Cuál es el mejor momento para ti?" Fije claramente fecha, hora, y lugar.

- ***Presentación y saludo inicial***

Hola que tal _____ te habla _____ un gran saludo.

Estableces la Relación, creas Rapport e introduces tu Invitación

Te llamo para informarte, que Estoy creando una red de comercialización a nivel nacional e internacional para introducir un proyecto innovador… y Estoy buscando una persona emprendedora y con ganas de salir adelante… En este momento de tu vida. ¿Estás cómodo económicamente o estas abierto a escuchar una oportunidad de negocio? "Tengo disponible él _____ y el_____. ¿Cuál es el mejor momento para ti?" Fije claramente fecha, hora, y lugar.

"El ÉXITO no es un acontecimiento de un solo día, es un proceso que se repite toda la vida. Usted puede ser un ganador en su vida si se lo propone. YA QUE NACISTE Y ERES UN TRIUNFADOR desde el instante de la concepción… Recuerda: Las personas exitosas realizan actividades que les permitan ganar de vez en cuando; porque saben que tanto el triunfo, la victoria, así como la conquista son hábitos que deberían desarrollarse constantemente en su estilo de vida… Las personas exitosas; asimismo tienen presente que, perdiendo también se gana. Porque saben que cada fracaso los acerca más a su propósito y que cada derrota los fortalece y les enseña lo que deben mejorar. En fin y al cabo; tanto los triunfos como las derrotas, son tan importantes para el éxito, que cuando aprendemos de ellas nos hacemos más fuertes y merecedores de vivir ese estilo y calidad de vida extraordinaria por la que tanto nos hemos esforzamos día tras día"

-. **COACH TRANSFORMACIONAL YLICH TARAZONA.** -

UTILIZANDO LAS REDES SOCIALES

● *Presentación y saludo inicial*
Hola que tal, he visto en tu perfil que eres una persona emprendedora y que te gustan los negocios, creo que tengo una información que tal vez te pueda interesar.

Estableces la Relación, creas Rapport e introduces tu Invitación
Al hacer la invitación mantente enfocado en que tu objetivo es "INVITARLO, *nunca darle el plan a medias*". Recuerda que el contacto y como contactas es clave, si las personas sienten que estas entusiasmado y enfocado sentirán curiosidad y querrán conocerte.

¿QUE DISTINGUE A LOS GANADORES DE LOS PERDEDORES?
"Que los GANADORES se concentran en todo momento en lo que ellos saben que pueden hacer bien, sus talentos, fortalezas, competencias, habilidades y destrezas. Aunque reconocen que tienen debilidades; nunca se enfocan en ellas, sino trabajan sobre ellas... Mientras que los perdedores se dispersan pensando en todo momento en aquellas cosas que no quieren hacer mal; enfocándose en sus debilidades, limitaciones y falta de talento, aunque saben que tienen fortalezas, parece que jamás se percatan de ellas... Si eres bueno persuadiendo vendiendo o comunicándote, entonces enfócate en esas potencialidades, y tus debilidades se harán fuertes a medida que trabajas en ellas poco a poco, sin dejar a un lado aquellas cosas en la que sabes que eres realmente bueno... Aquí radica la gran diferencia que marca la diferencia entre los GANADORES y perdedores, la forma de actuar antes las adversidades"
-. COACH TRANSFORMACIONAL YLICH TARAZONA. –

3.- ORGANICE SUS PRESENTACIONES

Organice sus Presentaciones

- ● Reuniones en Casa
- ● Presentación 1ª1
- ● Reuniones Principales o Multiplanes

SUGERENCIAS A TENER EN CUENTA AL ORGANIZAR UNA REUNIÓN EXITOSA EN CASA

El lugar debe estar ordenado y limpio, preferiblemente utilizar la sala, si vas a agregar sillas, hazlo solo a medida que sea necesario.

Si vas a servir un refrigerio, o vas a hacer una degustación del producto; siempre hazlo al terminar la reunión, nunca en medio de la presentación.

Recuerde siempre invitar el doble de personas; de las que piensas, que puedan llegar a la presentación, así tendrás una reunión mucho más exitosa.

Ten siempre a la mano tus herramientas del Sistema Educativo, principalmente el *Manual de Instrucciones* creado por el portal **NETWORKERS del Siglo XXI®**, el Catálogo de Productos de la Compañía a la que representas, Audios del Sistema, Videos de Seguimiento y la Pizarra para la presentación del plan.

Es importante que tengas siempre a la vista el material impreso que vas a utilizar; así como videos de la presentación o cualquier otra herramienta desarrollada por la *Compañía*, el *Equipo* o las herramientas de respaldo creados por el portal **NETWORKERS del Siglo XXI ®** en el momento adecuado, para que los invitados presten mayor atención a lo que se está explicando.

Recuerda que los niños se aburren mucho en las reuniones para adultos, y no entienden que este concepto de negocio puede cambiar sus vidas y la de sus padres. Por lo tanto; organizarte, para acostarlos temprano o que alguien los cuide, mientras se presenta la Presentación de Oportunidad.

Evita todo tipo de distracciones tales como TV, Internet, radios, etc. Es recomendable que los teléfonos móviles, deban estar en silenciador y los fijos desconectados.

Vístete apropiadamente para una *Reunión de Negocios Exitosa*, recuerda que, al hacer la presentación, las personas que asisten a la misma, ven en Ti la imagen corporativa de la COMPAÑÍA; y de la impresión que les des, depende que ellos ingresen o no a tu organización, o deseen consumir los productos. Recuerda que las personas siguen a personas jamás a las compañías.

Se puntual para iniciar, tal como se lo pediste al invitarlos. Puedes darles *15 minutos* de preámbulo; recuerda que las personas más importantes son los que están presentes.

Nunca te distraigas esperando o hablando del que aún no ha llegado. Mientras esperas jamás hables a medias del negocio; dedícate solo a conversaciones de índole social.

Si eres el anfitrión es importante tener una actitud positiva y presentar (*EDIFICAR*) al Líder que viene a explicar el concepto negocio de la siguiente forma:

Los CICLOS MAESTROS de la DUPLICACIÓN y la MULTIPLICACIÓN en el NETWORK MARKETING

"Mi esposa y yo hemos empezado un negocio y estamos muy entusiasmados con los logros y los resultados que podemos alcanzar", nuestro socio y amigo. Es uno de los *Líderes Comprometidos* con el Negocio, un *Empresarios Exitoso*, miembros del Equipo y la Organización NETWORKERS del Siglo XXI ® que nos está respaldando a desarrollar nuestro negocio. Él nos presentará la Presentación de Oportunidad y al final se quedará para responder algunas preguntas y ayudarlos a iniciar, al igual que lo hizo con nosotros.

Según la experiencia y los resultados de quien vaya a presentar la Presentación de Oportunidad, es importante *Edificarlo Correctamente*. Pero tan importante como lo es la Edificación. Es de vital importancia, mostrar de igual manera; el agradecimiento y el respeto, que tenemos hacia nuestro líder, por haberse tomado el tiempo de <u>MODELARNOS</u> y apoyarnos en el inicio de nuestro Negocio.

Como anfitrión debes tomar notas y grabar la Presentación de Oportunidad de ser posible, pues tus invitados estarán pendientes de tu actitud; y además de esta manera, podrás en lo futuro revisar tus apuntes y/o grabaciones, para aprender cuando te toque a ti, hacer tus propias presentaciones de negocio.

Nunca interrumpas al Líder durante la reunión, piensa que si el invitado ve; que tú te entrometes, se quedara con la idea o mala impresión de que están desorganizados y que tal vez tú no tienes todas las cosas claras.

Es importante que tengas a la mano los videos y materiales de seguimiento para prestárselos a las personas; que les interese el negocio, pero que aún no está listo para comenzar.

Los Empresarios, Networkers y los Lideres de tu línea de Auspicio, junto con todo el Equipo, que conforma la organización te proveerán de todas las herramientas (Videos, Audios, Folletos, Trípticos, Manuales del Modelo de la Presentación de la Oportunidad, Catálogos de Productos, o puedes respaldarte con las herramientas desarrolladas por la NETWORKERS del Siglo XXI ®.

EL PODER DE LA ACCIÓN, LA EJECUCIÓN Y EL ENFOQUE *"Si Tienes éxito muy rápido al principio, trata algo más difícil. Recuerda que el verdadero éxito se forja a través de la adversidad, cada prueba es una enseñanza que te preparara para el futuro"*
-COACH TRANSFORMACIONAL YLICH TARAZONA

SUGERENCIAS A TENER EN CUENTA AL ORGANIZAR UNA PRESENTACIÓN EXITOSA 1ª1

Busca un lugar apropiado que sea neutral, como un restaurant, el lobby de un hotel, una oficina, etc... Si es un conocido, la presentación de la *oportunidad 1ª1* puede ser en su casa o en la tuya.

Ve vestido para la ocasión, recuerda que eres un empresario exitoso. Pero siempre prestando atención al nivel socioeconómico de tu invitado, es importante hacer empatía y crear rapport.

Lleva tus Herramientas de Seguimiento, manuales de negocio, catálogos y muestras de productos, material impreso, folletos, herramientas audiovisuales, audios y videos, para que puedas mostrárselo y planificar un seguimiento posterior.

Aprende a utilizar tu oficina virtual o ten a la mano tu talonario o planilla de inscripción, llévala para poder afiliar a tus prospectos interesados en ese mismo momento. A veces las personas están listas para comenzar, pero quienes les presenta la Presentación de Oportunidad, demoran el ingreso, porque no fueron preparados para afiliar a una persona que toma decisiones rápidas. Ten el *Sistema de Prospección* a la mano (Videos, Audios y Material Impresos) de seguimiento para el caso en que la persona requiera recibir más información.

PERSEVERANCIA A PESAR DE LAS ADVERSIDADES
«Pelea un asalto más. Cuando sientas los pies tan cansados que tienes que arrastrarlos para volver al centro del cuadrilátero, pelea un asalto más. Cuando tengas los brazos tan cansados que casi no puedes levantar las manos para ponerte en guardia, pelea un asalto más. Cuando estás sangrando por la nariz y tienes los ojos negros y te sientes tan desfallecido que quisieras que tu contendor te pusiera fuera de combate con un buen golpe en la mandíbula, pelea un asalto más... recordando que el hombre que pelea un asalto más, nunca será vencido».
-JAMES J. CORBETT.

SUGERENCIAS A TENER EN CUENTA AL ORGANIZAR UN PLAN DE OPORTUNIDAD EN LAS REUNIONES PRINCIPALES O MULTIPLANES

Antes de una presentación de la Presentación de Oportunidad es vital tener en claro:

¿Cuál es el objetivo de la reunión?: la *presentación del negocio*, hacer seguimiento, dar entrenamiento o presentar una charla y degustación de productos.

¿Qué dinámica y herramientas vas a emplear? Vas a utilizar una presentación power point, la pizarra, videos, láminas, etc. Sea lo que sea, téngalo preparado.

¿Cuál es el mensaje, especifico, que quieres transmitir a las personas? Si la reunión es para presentar la Presentación de Oportunidad hay tres cosas claves a generar:

1. *Empatía y Rapport.* Recuerda, la regla de oro "TRATA A LOS DEMÁS COMO A ELLOS LES GUSTARÍA SER TRATADOS"

2. Que sientan que hay una *OPORTUNIDAD REAL, de transformar sus vidas* y que ellos pueden ser parte de ese cambio, así pueden volver a comenzar a soñar.

3. Que vean que Tú perteneces a un gran Equipo NETWORKERS del Siglo XXI® que nunca estarás solo y, sobre todo, hazle saber que ellos tampoco lo estarán. De esta manera se reduce la angustia por lo desconocido.

DETERMINACIÓN Y CONSTANCIA. *No conozco ningún hecho más alentador que la incuestionable capacidad del hombre para dignificar su vida por medio del esfuerzo consciente.*
- HENRI DAVID THOREAU

"La diferencia entre una persona enfocada y una desenfocada no es la falta de fuerza, tampoco la falta de conocimiento. Sino más bien, es una falta de voluntad.
-. VINCE LOMBARDI. -

LA REUNIONES CENTRALES O MULTIPLANES TIENEN COMO PROPÓSITOS PRINCIPALES:

1. Llevar _el mensaje de que existe un concepto de negocio llamado red de mercadeo, una oportunidad financiera a través de la cual se puede lograr la independencia financiera y hacer los sueños realidad_.

2. _MODELAR_ a los líderes, distribuidores y a los nuevos desarrolladores, como es que se presentan la Presentación de Oportunidad, reuniones principales o multiplanes.

3. _Construir y fortalecer las relaciones_ tanto de los INVITADOS; como la de los nuevos clientes, distribuidores y desarrolladores que van de invitados a las presentaciones de la oportunidad que la Industria de Redes de Mercadeo Multinivel les Ofrece.

4. _Desarrollo del liderazgo en el equipo y modelar a través del ejemplo y la acción_ "El ciclo continuo de la duplicación y la multiplicación de este manual".

RECOMENDACIONES:

Mantenga la reunión de negocio simple y duplicable. Mientras más _simple_ se presente la oportunidad financiera más _DUPLICABLE_ será para sus desarrolladores y más poderosa al _MULTIPLICARSE_ en su organización.

La presentación de la oportunidad de negocio, debe hacerse sencilla. Utilizando el Sistema Educativo de tu compañía, el _manual de instrucciones_ de la NETWORKERS del Siglo XXI ® _y el modelo del plan_ utilizado por el Equipo. En lo posible debe evitar utilizar términos muy elaborados; ya que esto no permite la duplicación.

Lo más importante en una presentación EXITOSA; es que parta del corazón, exprese tu entusiasmo y la pasión que sientes por la oportunidad que la Industria de Redes de Mercadeo Multinivel te ofrece. Esto es lo más importante; y es, lo que la hace duplicable.

Use siempre él _Manual de Instrucciones_ de la NETWORKERS del Siglo XXI® para sus presentaciones, Así como también debes utilizar siempre los recursos diseñados y las herramientas aprobadas por la COMPAÑÍA como lo es el Sistema Educativo y las herramientas creadas por el Equipo de tu Línea de Auspicio o UPLINE para aprender a dar la Presentación de Oportunidad.

IMPORTANTE: La presentación de la Presentación de Oportunidad es vital para su éxito. Una de las cosas que hay que vencer; al principio, es el miedo a dar el plan de negocio. ÉL líder que retrasa dar la Presentación de Oportunidad; va a retardar el proceso de duplicación y multiplicación de su organización. Si el nuevo desarrollador pospone dar la reunión hasta estar preparado; posiblemente sus afiliados también pospondrán dar el plan.

RECUERDE: Q*ue la actitud del líder, se reflejara en sus desarrolladores.* Es importante al momento de estar presentando la Presentación de Oportunidad en las reuniones principales o multiplanes; *resaltar que toda la información que se está dando, se encuentra en el Sistema Educativo de la compañía, en el Manual de Instrucciones creado por el portal* NETWORKERS del Siglo XXI ® *y las Herramientas Diseñadas por el Equipo de tu Organización*. Y que los invitados que estén interesados en desarrollar la oportunidad financiera que ofrece las REDES DE MERCADEO, al final pueden solicitar las herramientas del negocio al desarrollador que le invito a la reunión.

4.- PRESENTE LA OPORTUNIDAD

- Presente la Oportunidad Financiera
- Presentación de Oportunidad o Concepto del Negocio

LAS PRESENTACIONES DE LA OPORTUNIDAD SE DIVIDEN EN 3 ETAPAS

Los objetivos de una Presentación de Oportunidad son:

Auspiciar Nuevos desarrolladores y líderes comprometidos en crear la RED, una organización sólida, estable y productiva.

Encontrar nuevos clientes preferentes y distribuidores.

PRINCIPIOS BÁSICOS PAR TRIUNFAR Y LEYES PRELIMINARES DEL ÉXITO
"Todo está en nuestra mente, todo está en nuestros pensamientos y acciones. Cuando decidimos dar el primer paso y hacer que las cosas sucedan. DIOS, La Fuente Divina, La Energía Universal y El Destino comenzaran a conspirar a nuestro favor proporcionándonos las circunstancias y los acontecimientos que estén en armonía con nuestro propósito y misión de vida. Las leyes y principios son inquebrantables, actúan cada vez que generamos una causa, produciendo un efecto, cada vez que creamos una acción producimos un resultado en el universo, porque así está escrito... Que todo lo que sembremos eso mismo segaremos" -. **COACH TRANSFORMACIONAL YLICH TARAZONA.** -

PRESENTAR EL PLAN DE NEGOCIO.

Antes de hablar con una persona no sabremos si querrá unirse a nuestro equipo, o solo desea recibir más información de la Compañía y sus maravillosos productos. Tal vez en algunos casos, ninguna de las dos (2) opciones anteriores.

Pero igualmente nos puede dar referidos. Por lo tanto, <u>es bueno siempre hablar de la compañía, los productos y explicar claramente el concepto financiero de negocio con todos</u>.

Este es un negocio de relaciones, cuantas más presentaciones del negocio hagas mejor.

El éxito va a depender de cuantas Presentaciones de Oportunidad diarias hagas en los próximos 3 meses.

Recuerda que *la mejor manera de empezar tu negocio es tener dos (2) reuniones grandes en tu casa*, oficina, etc. Durante la primera semana, esto te asegura un comienzo rápido.

Es conveniente realizar las reuniones Presentación de Oportunidad a partir de las *6:00 las 6:30 o más tardar 7:00 PM según sea el caso. Y recordar que la reunión tiene que tener un tiempo de duración de 45 minutos.*

• 1ar. ETAPA: La Recepción antes de la Reunión / 15 minutos:

Es la *apertura* previa; que comienza, según van llegando los invitados. Bien sea; a una *Reunión de Casa*, *Reunión Principal* o *Multiplan*.

Esta apertura tiene como objetivo ir dando la bienvenida a los invitados, y es de vital importancia que en estos *primeros 15 minutos* se <u>establezca una comunicación positiva</u>.

En esta primera etapa de apertura es importante establecer conversaciones sobre temas personales tales como: de dónde son, a que se dedican, intercambio de opiniones, etc. <u>*Pero NUNCA hablen del negocio*</u>.

• 2da. ETAPA: Presentación de la Presentación de Oportunidad / 45 Minutos

Está segunda etapa está formada por 2 partes.

La primera parte: Es la presentación del líder la (*EDIFICACIÓN*) por parte del nuevo distribuidor o desarrollador; esto es vital importancia para crear confianza y seguridad en el invitado, y establecer un ambiente favorable y positivo para recibir la información.

La segunda parte: Es la presentación del plan de negocio (Presentación de Oportunidad), que debe ser dada por el *LÍDER*, Empresario o el Patrocinador que esté bien preparado.

- **3ra. ETAPA: Modulo de Seguimiento después de la reunión / 15 Minutos**

Esta etapa es crucial para pasar al siguiente nivel de tu Negocio. Es donde nos vamos a reunir con los futuros distribuidores interesados en desarrollar la oportunidad de Negocio. *Según su nivel de interés y compromiso les hacemos entrega del material de seguimiento* y se establece una fecha para realizar su afiliación, la planificación empresarial y la reunión de casa o charla de productos según sea el caso.

Importante: El *material de seguimiento recomendado* son: El *Sistema Educativo* de la compañía, los videos de la oportunidad de Negocio y herramientas de prospección, seguimiento, modelo del plan, audios del sistema aprobados por el Equipo de tu línea de auspicio y portal NETWORKERS del Siglo XXI ®.

SUGERENCIAS PARA PRESENTAR LA PRESENTACIÓN DE OPORTUNIDAD

- **1ar parte. Presentación de la empresa, la metodología de comercialización por red y la biotecnología de los productos.**

*Tiempo: Procura que <u>el tiempo empleado para la presentación del Plan de Negocio sea de 45 minutos</u> máximo; ya que, a partir de ese momento, las personas empiezan a inquietarse y pierden la concentración.

*Presentación: <u>Comienza hablando de tu historia de éxito, tus sueños y tus luchas, esto permite romper el hielo y bajar la tensión de los invitados,</u> puedes hacer referencia de los cambios globales que hemos venido presenciando en los últimos años, el momento histórico actual que estamos viviendo y como este concepto financiero es una alternativa.

Los CICLOS MAESTROS de la DUPLICACIÓN y la MULTIPLICACIÓN en el NETWORK MARKETING

Puedes compartir TÚ VISIÓN, *lo que viste cuando te presentaron la oportunidad de Negocio* y hablar un poco del por qué y el para qué estás desarrollando esta oportunidad de negocio y cuál es tu objetivo y los resultados que quieres lograr en esta Industria.

*El Concepto de Negocio: Has una breve explicación sobre la industria de redes de mercadeo multinivel, su funcionalidad, rentabilidad, beneficios, crecimiento, expansión global y comparte algunas de las opiniones de los expertos en la materia. Finalmente te enfocas en el potencial de ganancia, haciendo referencia a los ingresos residuales y las regalías.

*La Empresa: Comenta una breve historia de la trayectoria de la compañía, su respaldo económico, donde está ubicada, cuánto tiempo lleva en el mercado, los países en los que tiene presencia internacional, quiénes son sus asesores financieros y de negocio. Edifica a su Fundadores, menciona además los puntos más resaltantes de la filosofía, visión y misión de tu compañía. Finalmente puedes hacer mención de las partes más importantes que a ti te parecen claves si la ocasión lo requiere.

*Los Producto: Inicia por la innovación, patentes y biotecnología de los productos, su exclusividad, garantía de calidad, bondades y beneficio. Has una presentación de demostración de lo que hace tu producto o una degustación de ser posible, y comparte tu experiencia personal y varios testimonios con los presentes sin excederte a los 10 minutos

2da parte. Como ingresamos, requisito para calificar y potencial del plan de compensación

*Ingreso: Explica brevemente los puntos para afiliarse y activar su código de asociado para comenzar su negocio bien sea como consumidor, distribuidor o Empresario Independiente, Explica como adquirir los productos y has mención particularmente de los pasos más resaltantes, de cómo calificar y ganar los ingresos.

*Requisitos de Calificación: Este punto es de vital importante, explica detalladamente cuales son los requisitos necesarios para calificar a las posiciones o niveles de la compañía y menciona los requerimientos indispensables para general las ganancias residuales del generoso Plan de Compensación y las diferentes formas de ganancias.

*Plan de Compensación: Explica cómo se puede generar ingresos residuales, en este negocio, a corto, mediano y largo plazo, haciendo énfasis en los tres (3) pilares que son: AUSPICIO, RETENCIÓN y el MOVIMIENTO DEL VOLUMEN.

*El Equipo de Apoyo y El Sistema de Formación: <u>EDIFICA la organización y la estructura de tu línea de auspicio, del equipo de apoyo y el respaldo de los líderes que te modelaran y te guiaran en el proceso de tu aprendizaje</u>, y has referencia al *Sistema Integral de Formación Empresarial* creada por el portal **NETWORKERS** del **Siglo XXI®**, para su formación y entrenamiento en su carrera como *Desarrolladores y Empresarios Exitoso*. De igual forma da a conocer el material de apoyo y las herramientas del Sistema Educativo para poder construir un negocio sólido, estable y productivo.

*Cierre: <u>Termina dando las gracias por la asistencia de los presentes, invítales a que se ponga en contacto con la persona que le hizo la invitación a la oportunidad de negocio y finalmente termina preguntándoles a las personas si están listas para empezar</u>. Recuerda que muchas personas no entran al negocio; porque el que los invito nunca se lo pregunta. Ya que dan por hecho que todos van a ingresar.

3ra parte. Módulo de Seguimiento, la reunión después de la reunión

*Módulo de Seguimiento: Reúnete con las personas más interesadas, preséntales a los líderes de tu organización y edifícales a los Empresarios que estén presente, entrégales material de seguimiento, planifica una reunión con ellos para retirar el material del sistema en las próximas 48 horas, agenda una charla de producto o una planificación empresarial para los que quieran distribuir el producto o comenzar el negocio; para este punto puedes hacer preguntas tales como

"¿quién está listo para empezar ahora mismo?".

Si encontramos personas decididas que estén listos para comenzar, se formaliza la inscripción y se llena el contrato de afiliación a través de la oficina virtual. Se les enseña como activar su código y se les hace su primer pedido de producto con un promedio de puntos necesarios para comenzar y activar en su primer ciclo.

Y finalmente se conecta al futuro desarrollador 100% al Sistema Educativo, a su patrocinador, línea de auspicio y al Equipo para que le comiencen a MODELAR el sistema y lo apoyen en el inicio de su negocio.

Finalmente motiva a las personas interesadas a que se reúnan con quien les invitó, para que puedan, agendar el plan de acción a seguir, y en tu caso en particular reúnete con tus invitados para ver cuál es el próximo paso y coordinar con cado uno de ellos y sacarles a todos una nueva cita en las próximas *24 a 48 horas*, bien sea para consumo y venta del productos, seguimiento o para agendar la planificación empresarial y comenzar a trabajar con los futuros líderes y desarrolladores que demuestren interés.

Preguntas sugeridas, para después de un plan de oportunidad:

De lo que viste de la presentación de oportunidad, ¿Qué fue lo que más te llamo la atención?

¿Te gustaría ayudar a otras personas, a mejorar su salud y generar un ingreso extra?

Con cualquiera de *estas dos (2) preguntas podrás evaluar el nivel de comprensión* de la otra persona. Esto te permitirá hablar de los puntos más resaltantes, que permitirán al futuro líder y desarrollador a tomar la decisión de formar parte de tu organización.

Las reuniones de seguimientos son para fomentar las relaciones entre el patrocinador y sus invitados; así como también, responder a las preguntas del nuevo distribuidor y futuro desarrollador.

Después de escuchar las preguntas u objeciones y contestarlas.
Puedes volver a hacer preguntas tales como:

¿Estamos listos para empezar? · ¿Crees que puedes hacer la diferencia al comenzar en éste negocio?
¿Estarías dispuesto a iniciar este proyecto de negocio conmigo, ahora mismo?
¿Cuáles de nuestros productos te llamaron la atención y cual sería de tu interés?

Recomendaciones: *Has preguntas de generen acción*, como las mencionadas anteriormente, esto permite darle a la presentación profesionalismo, y que las personas te perciban como un Empresario Comprometido. Trata de siempre mantenerte relajado y tranquilo, mantén tu postura como Empresario Exitoso, y agrega valor a la oportunidad de negocio que estas ofreciendo, sin forzar a nadie a que entre en el proyecto; permite que ellos mismos tomen la decisión y vean en ti; un líder en quien confiar, para ayudarlos a comenzar. Después de responder cada pregunta, haces silencio....... Y si los interesados no ponen más objeciones, tu vuelves a preguntar... - ¿Estás listo para comenzar?

Si dice que no, puede ser que aun tenga dudas y requiera que lo vuelvas a invitar a otra reunión. Si lo ve bien pero aun no quiere desarrollarlo, puedes pedirles referidos para seguir ampliando tu lista. <u>Si dice que sí, proceden a la gestión de patrocinio; le llenas su contrato de afiliación e inmediatamente agendan una planificación empresarial para comenzar a trabajar juntos en "crear su futuro financiero".</u>

Paso III – TOMANDO EL CONTROL DE TU NEGOCIO

Fortaleciendo los Cimientos de Tú Organización, Construyendo las Relaciones

• Estos 3 Principios son los más *dinámicos en tu Negocio*; ya que te permitirán *ponerte en contacto directos con tus prospectos y nuevos socios*, a la vez que te permitirá *fortalecer las relaciones* con cada uno de los miembros de tu organización, permitiéndote *comprender sus necesidades* y actuar en función a ello.

5.- PLANIFIQUE UN SEGUIMIENTO

- Después de cada Reunión en Casa
- Después de cada Presentación 1ª1
- Reunión, Actividad o Evento

6.- MANTÉNGASE EN CONTACTO

- Consulte con sus Clientes, Distribuidores y desarrolladores
- Verifique el progreso de sus Líderes y Desarrolladores

7.- MUEVA A SUS PROSPECTOS

- Reuniones Principal o Multiplanes
- Eventos, Convenciones o Rallys

5.- HACER UN SEGUIMIENTO EFECTIVO.

El objetivo fundamental del seguimiento es *fortalecer las relaciones* entre los líderes y los nuevos socios, así como también mantener el contacto con las personas interesadas en desarrollar el negocio, distribuir o consumir los productos.

El seguimiento debe efectuarse dentro de las próximas *24 o 48 horas*; más tardar. Ya que a partir de ahí en adelante el entusiasmo de los futuros desarrolladores desciende y las probabilidades de que entre al negocio o consuman los productos disminuyen.

Las reuniones de seguimiento deben quedar *coordinadas con fecha y hora al finalizar la presentación* del negocio. En ese momento es importante entregarle, al prospecto; las herramientas de seguimiento. Entre las herramientas sugeridas por el portal **NETWORKERS** del Siglo XXI ® Son el video de *Oportunidad de Negocio*, el tríptico de presentación, los folletos y los catálogos de productos, si hubiere consumidores o distribuidores, audios del *Sistema Integral de Formación Empresarial*. Esto le servirá a su futuro desarrollador para complementar la información que recibió en la Presentación de Oportunidad.

En el seguimiento es importante aclarar las dudas e inquietudes; si el prospecto las tuviera, en este caso sería recomendable volver a invitarlo a ver la Presentación de Oportunidad, de ser necesario y preguntar si está listo para empezar el negocio. Si está listo, llénele su contrato de afiliación a través de las oficinas virtuales y *agende una planificación empresarial en las próximas 12 a 24 horas*. Importante: Si en el momento de entregarle el material para coordinar una próxima reunión de seguimiento, la persona no está dispuesta a reunirse contigo, mejor no le prestes el material; es muy probable que nunca lo recuperes, ya que simplemente no quiere desarrollar el negocio.

"Creo firmemente que dentro del interior de cada uno de nosotros existe una semilla de grandeza y reside una vasta reserva de potencialidades y competencias ilimitadas que habitualmente permanecen adormecidas; esperando ser descubiertas y desarrolladas, para florecer hacia nuestro mundo exterior. Cuando cada uno de nosotros despierte ese potencial individual, redescubramos cual es nuestra misión y el propósito que le da sentido a nuestra vida, abriremos el camino a un nuevo despertar consciente a lo que yo llamo REINVENCIÓN y REINGENIERÍA PERSONAL"

-. COACH TRANSFORMACIONAL YLICH TARAZONA-.

6.- MANTÉNGASE EN CONTACTO

Manténgase en Contacto

- Consulte con sus Líderes y Upline
- Verifique el progreso de sus Desarrolladores

MANTÉNGASE EN CONTACTO CON SUS LÍDERES Y DESARROLLADORES

El consultar periódicamente nuestro progreso en el negocio con nuestros líderes y evaluar los avances de nuestros clientes, distribuidores y desarrolladores, es de gran importancia en el crecimiento de nuestra organización. Ya que esto nos permite establecer donde se encuentra nuestro negocio y así desarrollar estrategias, ajustes y acciones que permitan poner en marcha nuestra empresa que es la RED (La Organización y la Estructura)

Consultar regularmente con nuestra línea de auspicio y mantenernos en contacto permanente con los miembros de nuestras organizaciones, Edificar a los diferentes líderes del Equipo en las distintas organizaciones y crear un sentido de pertenencia hacia la Oportunidad de Negocio Multinivel que fomenta un espíritu de hermandad, compañerismo y unión entre todos

Verificar el avance de sus desarrolladores

La mayoría de las personas nunca verifica el estado de su negocio. Saber dónde se encuentra hoy y dónde quiere llegar mañana, le permite avaluar su progreso. Por esta razón; es fundamental revisar continuamente donde estamos, el crecimiento que estamos teniendo como organización. Revisar lo que funciona y lo que no le funciona a sus clientes, distribuidores, líderes y desarrolladores es de vital importancia para llegar a las metas establecidas y lograr los resultados dentro de nuestro negocio en esta creciente industria.

Revisar las creencias limitantes o potenciadoras de su equipo; también es fundamental, ya que esto le permite estar al tanto de los acontecimientos que ocurren en su negocio. De esta forma; sabrás su situación, y podrá hacer los cambios que se requieran cuando estos sean necesarios, para fortalecer sus organizaciones.

Lo más apropiado para mantener a tu organización en movimiento constante y maximizar su productividad dentro del Negocio; es que *te mantengas en contacto permanente* con ellos y te reúnas con tu equipo regularmente como mínimo una vez al mes, para revisar su progreso. Así podrás detectar las insuficiencias que pudiera haber y aplicar en la siguiente semana los correctivos que sean necesarios.

Factores para Fortalecer la Relación.

- Vivir los principios y valores que fomenta la NETWORKERS del Siglo XXI ®.
- Edificar regularmente a los líderes de las distintas organizaciones.
- Tener sentido de pertenencia hacia la empresa que representamos.
- Valorar a todos los miembros del equipo de nuestra organización.
- Tratarlos como miembros de una familia.
- Respetarlos a pesar de las diferencias.
- Amarlos incondicionalmente.

"Crear un negocio fuerte y construir un mundo mejor; no son metas contradictorias, ambas son ingredientes indispensables para el éxito a largo plazo".
- *WILLIAM CLAY FORD Jr., Ford Motor Company*

NO ES LO QUE HACEMOS; SINO LA MANERA EN COMO LO HACEMOS... LO QUE MARCA UNA GRAN DIFERENCIA "La calidad de la vida de una persona está en la proporción directa de su compromiso con la excelencia, independientemente de su campo escogido de esfuerzo"
-. **VINCE LOMBARDI.** -

7. - MUEVA A SUS PROSPECTOS

Mueva a sus Prospectos

- Reuniones en Casa, Principales o Multiplanes
- Eventos, Noches de Éxito, Cena de Gala, Alumbra o Rallys

MUEVA A SUS PROSPECTOS A LA ACTIVIDAD DEL SISTEMA.

Las *reuniones principales o multiplanes*, son eventos donde se reúnen frecuentemente los distintos líderes de las organizaciones con sus equipos, son actividades que fomentan las distintas organizaciones y la **NETWORKERS** del Siglo XXI® como parte de sus actividades de prospección, entrenamiento, capacitación y hermanamiento. Estas tienen como objetivo <u>*Transferir la VISIÓN*</u> y <u>*la grandeza de la oportunidad*</u> de la Industria del NETWORK MARKETING o Redes de Mercadeo y provocar un impacto emocional que trascienda en los nuevos distribuidores, líderes, desarrolladores y Empresarios, permitiéndoles comprender la naturaleza del negocio y transferirla a todos los miembros del equipo.

<u>Puntos a considerar</u>:

• Nuestro propósito debe estar enfocado en *MOVER* regularmente a los nuevos desarrolladores y líderes a las *reuniones principales*, ya que esto les permitirá fortalecer su compromiso con su Negocio

• Ten una agenda actualizada de todas las actividades programadas por la **NETWORKERS** del Siglo XXI ® La Compañía y el Equipo; para compartir con todos los miembros de tus organizaciones. Ya que estos eventos les permitirán a los nuevos distribuidores disfrutar de experiencias vivenciales junto con otros líderes y desarrolladores comprometidos que ya tienen resultados en la zona, permitiendo fortalecer las relaciones entre ellos y crear un espíritu de unidad entre todas las organizaciones.

Mover a la gente a los Eventos, Noches de Éxito, Cenas de Gala, Alumbra, convenciones y Rallys:

Estas actividades del *sistema integral de formación empresarial* programadas por la **NETWORKERS** del Siglo XXI ® La Compañía y el Equipo; son reuniones colectivas para todas las organizaciones.

Los temas sugeridos, las fechas y los lugares son informados a los líderes, desarrolladores y Empresarios de Mayor Rango, para que ellos a su vez las transmitan a todas sus organizaciones.

Estás actividades están diseñadas para fortalecer el crecimiento, expansión y consolidación de las redes a nivel nacional e internacional.

Las actividades del Sistema Integral de Formación Empresarial tienen como objetivo:

Juntar a los líderes y desarrolladores para que puedan ver el crecimiento, expansión y consolidación del negocio mucho más allá de sus propias organizaciones regionales y nacionales.

Capacitar, MODELAR y DUPLICAR a los Desarrolladores de Negocios y Empresarios Comprometidos el sistema integral de formación empresarial.

Puntos a considerar:

Organice los eventos con tiempo para que el movimiento de gente sea efectivo Busque el lugar y confirme los oradores con anticipación, tenga preparado la logística con antelación como: la iluminación, el sonido y los visuales.

EL PODER DE LA INTENCIÓN
«Para que surja lo posible es preciso intentar una y otra vez lo imposible.»
. -**HERMANN HESSE**. -

"El mayor premio que la vida puede ofrecer es brindarnos la oportunidad de trabajar duro para llevar a cabo algo que vale la pena realizar"
-. **THEODORE ROOSEVELT.** -

Paso IV – ESTRUCTURA ORGANIZACIONAL

Creando una Red de Comercialización Solida, Estable y Productiva, Desarrollando Líderes con Mentalidad Empresarial

• Estos últimos 3 Principios te permitirán de manera profesional ir creando tú *Plataforma Financiera* a largo plazo; por medio del crecimiento exponencial de tu *Red de Comercialización,* que te brinda la Oportunidad de las Redes de Mercadeo Multinivel.

Al mismo tiempo que te permite *Fortalecer tu Organización de Líderes y Desarrolladores del Negocio con base en la EDIFICACIÓN y la DUPLICACIÓN, permitiéndote trascender en el tiempo, transferir un legado, dejar una huella en tu Organización y marcando una diferencia* en todos los miembros de tu Equipo.

Desarrollando Líderes con Mentalidad Empresarial

8.- Planifique Mensualmente

    • Líderes y Desarrolladores

9.- Conéctese 100%

    • A su Línea de Patrocinio
    • Al Sistema de Formación y al Equipo

10.- Duplíquese:

    • Enseñe a sus Líderes Comprometidos los Ciclo Maestro de la Multiplicación y la Duplicación

EL VERDADERO POTENCIAL DEL SER HUMANO ESTA EN LA ACTITUD DE COMO ENFRENTA LAS COSAS *"La capacidad consiste en lo que usted es capaz de hacer. La motivación determina lo que usted hace. Pero la actitud positiva determina que tan bien lo hace y los resultados que conquista"*
- LOU HOLTZ.-

8.- PLANIFIQUE MENSUALMENTE

- Planifique Mensualmente
- Líderes y Desarrolladores

La planificación empresarial debe dura 2 horas y conviene programarse inmediatamente, al momento en que se asocie el nuevo desarrollador. La planificación empresarial normalmente tiene lugar en la casa del desarrollador. Ya que esto permite al nuevo integrante del equipo, sentir mayor confianza al momento de preparar su plan de acción. Después de que el nuevo Empresario pasa por esta sesión de dos horas su relación con el líder o patrocinador se fortalecerá; y él o ella, tendrán un sentido pertenencia más firme; de la dirección que debe tomar, en el inicio de su negocio multinivel.

Las herramientas necesarias para realizar esta actividad se encuentran en su *Manual de Instrucciones* y el Cuaderno de Planificación diseñado por el portal NETWORKERS del Siglo XXI ®.

El objetivo de esta planificación empresarial; es preparar al desarrollador a descubrir sus sueños, definir sus metas, y concretar sus objetivos. Como también; determinar sus compromisos, y crear un plan de acción bien definido que le permita comenzar su negocio con éxito y evitar la causa más común de deserción; la cual es no saber qué hacer.

Es aquí donde el líder le enseñará los principios básicos que el nuevo socio necesita para saber desarrollar su red de comercialización, y así convertirse en un profesional en la industria. Es importante explicarle al futuro desarrollador que las redes de mercadeo es una profesión y que el portal NETWORKERS del Siglo XXI ® tiene un *sistema integral de formación empresarial*, que lo preparara para crear una organización solidad estable y productiva junto al respaldo del Equipo y su línea de auspicio.9.- CONÉCTESE 100% AL SISTEMA DE FORMACIÓN Y AL EQUIPO DE APOYO

- Conéctese 100% al Sistema de Formación y al Equipo de Apoyo
- Conéctese 100% Al Equipo y al Sistema
- Conéctese 100% a su Línea de Patrocinio
- Conéctese 100% a los principios y valores promovidos por el portal NETWORKERS del Siglo XXI ®

Conecte a los líderes y nuevos desarrolladores al *Sistema de Formación* y al *Equipo de Apoyo*. Planifique mensualmente a sus nuevos líderes y desarrolladores comprometidos.

a) Entrégueles el *Manual de Instrucciones* de la NETWORKERS del Siglo XXI®.

b) Edifique el *Sistema Integral de Formación Empresarial* y explíqueles cómo a través de la comprensión de estas herramientas y la aplicación de estos principios universales; le van a permitir adquirir los conocimientos necesarios que necesitan para la construcción de una red sólida, estable y productiva que se mantengan el tiempo y le permitan de esta forma lograr alcanzar conquistar cada uno de sus más anhelados sus sueños.

c) Establezca la importancia de asistir a todas las actividades del sistema y entrenamientos programadas por la Compañía, el Equipo y el portal NETWORKERS del Siglo XXI®

d) Modele con el ejemplo la importancia de utilizar todas las *Herramientas del Sistema de Formación* desarrolladas por la Compañía, el Equipo y el portal NETWORKERS del Siglo XXI ® Tales como: (Manual de Instrucciones, Cuaderno de Planificación, material impreso, herramientas audio-visuales, Videos DVDs, Audios CDs y el Sistema Interactivo Blog, Skype, Facebook, Twitter, YouTube, Google +) entre otros que les permitirán estar al día con su negocio.

e) Edifíquele a su *UPLINE o Línea de Auspicio* y preséntales a todos los líderes *DOWNLINE* y *CROSSLINE* de otras organizaciones, para crear un ambiente de confianza y seguridad. De esta manera sus nuevos Líderes, Desarrolladores y Empresarios se percatarán que además de ti como su patrocinador; también hay todo un *Equipo de Apoyo* que lo va a ayudar y lo guiarán a que sus sueños se hagan realidad.

f) Establézcales compromisos sólidos para asegurar las bases de éxito dentro de la COMPAÑÍA. Comprométalos a llevar a cabo una planificación empresarial mensualmente; con el propósito de realizar un plan de acción bien definido que les permita poner en marcha su Negocio y compartir la Visión del Efecto Multiplicador la Industria de Redes de Mercadeo Multinivel.

g) Fortalezca las buenas relaciones y la hermandad a través de los principios y valores que fomenta NETWORKERS del Siglo XXI ® y enséñeles a respetar y valor a cada miembro del equipo por lo que son y nunca por lo que se puede obtener de ellos, recuerde que cada integrante es un pilar fundamental en la consolidación de toda la organización.

De un sentido de seguridad y credibilidad a cada miembro del equipo a través de la EDIFICACIÓN sincera.

Ayúdales a desarrollar la confianza y el sentido de pertenencia mediante la integridad y la honestidad.

Levántale la moral a toda tu organización, motíveles y elógieles en cada logro realizado, por más pequeño que sea.

Trate a todos los Miembros del Equipo por igual, demuéstrele un interés genuino como miembros de una gran familia.

Enfóquese en sus sentimientos y comprenda sus necesidades y este presto para servirle y ayudarles siempre.

SOLOS LOS VISIONARIOS LOGRARAN CONQUISTAR SUS MÁS ANHELADAS SUEÑOS. *"Muéstrame un obrero con grandes sueños y en él encontrarás un hombre que puede cambiar la historia. Muéstrame un hombre sin sueños y en él hallarás a un simple obrero."*

- . *JAMES CASH PENNY*

"Una de las más hermosas compensaciones de la vida consiste en que nadie puede intentar sinceramente servir y ayudar a otro, sin que primero deba servirse y ayudarse a sí mismo. Por qué en la misma medida con que comencemos a DAR a los demás, en esa misma medida seremos igualmente retribuidos"

-. **RALPH WALDO EMERSON.** -10.- DUPLÍQUESE "FORME LÍDERES COMPROMETIDOS"

- Duplíquese "Forme Líderes Comprometidos":
- Enseñe a sus Líderes Comprometidos
- El Ciclo Maestro de la Duplicación y la Multiplicación

Los 10 Principios Maestro de la Duplicación y la Multiplicación

Los diez pasos que componen *El Ciclo Maestro de la Duplicación y la Multiplicación* **son cíclicos y constantes.**

APRENDER, EJECUTAR, ENSEÑAR y *Modelar* los 10 principios del plan de acción diseñado por el portal NETWORKERS del Siglo XXI® a cada miembro de su organización es Vital y de suma importancia, ya que es la forma más poderosa y efectiva para lograr resultados, mediante la acción constante y el trabajo en equipo, sirviendo de ejemplo y modelo para los demás. Como dice el Dr. Herminio Nevares en la Guía del Éxito

Cito la Referencia... *De esta forma ellos: Entenderán ¿Por qué hacerlo? Aprenderán ¿Cómo hacerlo? Y aún más importante: "Lo harán"* Fin la cita

Los CICLOS MAESTROS de la DUPLICACIÓN y la MULTIPLICACIÓN en el NETWORK MARKETING

Los 10 Principios Maestro de la Duplicación y la Multiplicación han sido diseñados de manera sistemática para que cada Empresario y desarrollador del Negocio; puedan ir pasando por un "PATRÓN DE ACCIÓN" a través de unos principios básicos y sencillos.

Todo el CICLO ha sido creado de forma *Simple* y *Duplicable*, para que toda persona pueda *entenderlo y aplicarlo en sus organizaciones.* Esto es a lo que llamamos SISTEMA DE FORMACIÓN EMPRESARIAL. Por tal razón; es muy importante, comprender lo mejor posible cómo funciona el SISTEMA, *asegúrense de aplicar y enseñar cada paso, sin prejuzgar ni obviar ninguno de ellos.*

Estos *Ciclos* cuentan con *planes de acciones bien concretos* u definidos; que tendrán que ir desarrollándose, para pasar al siguiente nivel. CADA CICLO DE ESTE MANUAL DE INSTRUCCIONES; ASÍ COMO SU SECUENCIA, ES ESENCIAL PARA LOGRAR LOS OBJETIVOS DESEADOS. *Cada principio; está íntimamente relacionado con él siguiente*, de forma muy sinérgica.

Todos los pasos juntos, constituyen un todo integrado y sinérgico del *Sistema Integral de Formación Empresarial*; Es decir; el ejecutar uno o varios de los ejercicios, de manera ocasional o desordenadamente no va a producir los resultados deseados en las organizaciones. Al menos que; *efectúen TODOS los ciclos que conforman este manual de instrucción en la secuencia indicada,* te garantizara lograr finalmente alcanzar el éxito esperado *en los miembros de su equipo.*

Por este motivo; invitamos a todos los miembros del equipo conformados por los líderes del portal **NETWORKERS** del Siglo XXI® para que puedan iniciar su Negocio con los principios correcto desde el primer día. Lean activamente su Manual de Instrucciones, empiecen a trabajar y tomar acción, poner en práctica los principios aprendidos, ejecutando los sistemas de forma continua y permanente, DUPLICANDO este *Ciclo Maestro de la Duplicación y la Multiplicación* para que todos los líderes, Desarrolladores y Empresarios comprometidos, los puedas poner en práctica, junto con todo su equipo y/o organizaciones respectivas.

Por tal razón, te propongo, que *dedique de 6 a 12 meses* continuos al estudio y aplicación de los principios contenidos en éste manual de instrucción; con una convicción total. Y ejecuten *TODOS LOS CICLOS* que te sugerimos del *Patrón de Acción* consistentemente con una actitud mental positiva y te prometemos, que podrás lograr todos y cada uno de tus más anhelados, Sueños, Metas y Objetivos, a través de esta maravillosa Oportunidad que te ofrece la Industria de Redes de Mercadeo Multinivel.

PALABRAS FINALES

Bueno campeones y campeonas "FELICIDADES", ya hemos llegado al FINAL de éste maravilloso E-BOOK que con tanta dedicación escribí para ti. Fue un largo proceso de formación y aprendizaje que juntos TÚ y YO recorrimos en ésta jornada HACIA TÚ ÉXITO y REALIZACIÓN PERSONAL.

Éste libro lo cree y diseñe pensando en TI, de manera SISTEMÁTICA como un MANUAL PRÁCTICO DE INSTRUCCIONES paso a paso; con el objetivo de ir pasándote por un proceso mental de formación continuo de aprendizaje, a través de un "{(PATRÓN DE ACCIÓN)}" bien preparado y simplificado para brindarte resultados óptimos, efectivos y permanentes mediante las herramientas y metodologías de la PROGRAMACIÓN NEUROLINGÜÍSTICA APLICADAS A LAS REDES DE MERCADO O NETWORK MARKETING MULTINIVEL.

Espero haya sido de tu agrado... **Recuerda**

Es Hora de Comenzar a Vivir
UNA VIDA MARAVILLOSA
Centrada en Principios

Recuerda: TOMAR ACCIÓN y
HACER QUE LAS COSAS SUCEDAN

Y pronto Tú y Yo nos veremos en la
CÚSPIDE DE LA EXCELENCIA PERSONAL

Tu Gran Amigo el **COACH TRANSFORMACIONAL YLICH TARAZONA**

SOBRE EL AUTOR

Coach Transformacional YLICH TARAZONA: Reconocido Escritor y Autor Best-Seller de una Serie de Libros y E-Book de AUTOAYUDA y CRECIMIENTO PERSONAL. Excelente Orador y Conferencista Motivacional de Alto Impacto. Un Hombre de FE y Convicciones CRISTIANAS.

Experto en: PROGRAMACIÓN NEUROLINGÜÍSTICA, Reingeniería Cerebral, Programación Mental, Persuasión Comunicación y Neuro Coaching en el Establecimiento de METAS y Logros de OBJETIVOS.

Considerado en los distintos medios de comunicación como uno de los Emprendedores más Destacado e Influyente dentro del campo de la NEUROCIENCIA MOTIVACIONAL y LA EXCELENCIA PERSONAL; destinado a ejercer un LEGADO en la vida de cientos y miles de millones de personas, a través de su PASIÓN, ENTUSIASMO, DINAMISMO y LIDERAZGO CENTRADO EN PRINCIPIOS.

Fundador del portal REINGENIERÍA MENTAL PARA EL ÉXITO ®- Comunidad Virtual para Emprendedores. Uno de los portales de internet dedicado a brindar COACHING en la CONSOLIDACIÓN de Competencias y el Desarrollo del Máximo Potencial Humano; especialistas en el entrenamiento, formación y adiestramiento de alto impacto a través de la PNL o PROGRAMACIÓN NEUROLINGÜÍSTICA.

Creador del SISTEMA DE COACHING PERSONAL en REINGENIERÍA CEREBRAL y PROGRAMACIÓN MENTAL; para Alcanzar Metas, Concretar Objetivos y Consolidar Resultados Eficaces de Óptimo Desempeño; a través de una serie de E-Book, Audios, Podcasters, Tele-Seminarios Online, Talleres Audio-Visuales, Webminars y Conferencias Magistrales de Carácter Presencial.

Re-Diseñador del "MODELO de la PNL" y la formula efectiva "E - S.M.A.R.T - E.R" [Para el Establecimiento y Fijación de METAS, PLAN DE ACCIÓN y PRINCIPIOS de PLANIFICACIÓN ESTRATÉGICAS para Alcanzar y Consolidar Objetivos].

Creador del WEBMINARS audiovisual y TELE-SEMINARIO online [RE-DESCUBRIENDO TÚ PROPÓSITO Y MISIÓN DE VIDA, programa de coaching personal para enseñarte a encontrar descubrir tu verdadera misión y propósito que le da sentido a la vida].

Autor Best-Seller del libro [LOS CICLOS MAESTROS DE LA DUPLICACIÓN Y LA MULTIPLICACIÓN EN EL NETWORKS MARKETING, Leyes y Principios Universales Para Desarrollar Tú Negocio Multinivel de Forma Profesional].

Reconocido "Autor de la Serie de LIBROS, Secuencias de E-BOOK'S y CONFERENCIAS MAGISTRALES" de [REINGENIERÍA CEREBRAL y PROGRAMACIÓN MENTAL. Que incluyen los Principios Básicos Para Triunfar y las Leyes Preliminares Del Éxito]. Entre los más destacados LIBERÁNDONOS DEL AUTO-SABOTAJE INTERNO EMOCIONAL, REINGENIERÍA PERSONAL El Arte de Rediseñar tú Vida y Crear una Versión Mejorada de ti Mismo, POSICIONAMIENTO DE TÚ MARCA PERSONAL o Personal Branding entre otros.

Creador del SISTEMA INTEGRAL DE COACHING PERSONAL a través de la PROGRAMACIÓN NEUROLINGÜÍSTICA para producir cambios positivos en los patrones del pensamiento y generar resultados eficaces de alto rendimiento y óptimo desempeño, tanto individual como organizacional. Dicho SISTEMA DE ENTRENAMIENTO Offline y Online han marcado las vidas de miles de emprendedores de forma presencial y ha cambiado los paradigmas mentales de millones de personas a nivel mundial vía virtual. Inspirando a quienes participan, escuchan, ven o leen sus enseñanzas; a vivir de forma extraordinaria, y ver la vida de una manera inteligente, enfocada en el resultado final, el éxito, la abundancia y la prosperidad en todos los aspectos de la vida.

SU PROPÓSITO: Cambiar los patrones de pensamientos negativos y las estructuras mentales limitadoras, consolidando así las competencias y desarrollando el máximo del potencial humano de cada participante, transfiriéndoles los conocimientos, estrategias y oportunidades de encontrar herramientas concretas para su crecimiento personal; que les permita aclarar sus ideas, estimular sus mentes, establecer sus metas y elaborar un plan de acción bien definido que les faculte conquistar con éxito sus más anhelados sueños, en el logro y cumplimientos de sus objetivos; encontrando su misión de vida y construyendo una vida con propósito

SÍGUENOS A TRAVÉS DE TODAS NUESTRAS REDES SOCIALES

Facebook, Twitter, YouTube, Google +, BlogSpot,
Instagram, Pinterest, Speaker, LinkedIn, Skype y Gmail

http://www.amazon.com/Ylich-Eduard-Tarazona-Gil/e/B01INP4SU6

https://www.facebook.com/coachmaster.ylichtarazona

https://www.youtube.com/user/coachylichtarazona

http://reingenieriamentalparaelexito.blogspot.com/

http://www.spreaker.com/user/ylich_tarazona

https://plus.google.com/+ylichtarazona/posts

http://instagram.com/coach_ylich_tarazona/

https://www.pinterest.com/ylich_tarazona/

https://twitter.com/ylichtarazona

También puede contactarse directamente con el AUTOR por:

Coach.ylichtarazona@gmail.com

Skype: Coaching_Empresarial

OTRAS PUBLICACIONES, TÍTULOS Y LIBROS CREADOS POR EL AUTOR EN KINDLE - EBOOK'S DE AMAZON

Hola que tal, mi gran amigo y amiga LECTOR, fue un placer haber compartido contigo este tiempo de lectura, espero hayas disfrutado al máximo de la información contenida en este libro que con tanto cariño prepare para ustedes.

Si deseas conocer algunas otras de mis obras en Kindle de Amazon te invito a visitar los siguientes enlaces. Se despide tu gran amigo **Ylich Tarazona**

1.- Liberándonos del Auto-Sabotaje Interno Emocional
https://www.amazon.com/dp/B01ER1BDM6

2.- El Poder de las Metas y el Establecimiento de Objetivos
https://www.amazon.com/dp/B01ES7Y146

3.- El Poder de las Metáforas y el Lenguaje Figurado
https://www.amazon.com/dp/B01ESBD7WY

4.- Autoestima y Autoimagen; Origen Formación y Desarrollo
https://www.amazon.com/dp/B01EQOZ8PC

5.-Reingeniería Personal y Rediseño de Vida
https://www.amazon.com/dp/B01ERRNWEC

6.- Programación Neurolingüística Aplicada
https://www.amazon.com/dp/B01ESO91TY

7.- Re-Ingeniería Cerebral y Rediseño de los Procesos Mentales
https://www.amazon.com/dp/B01ETYTPGC

8.- Consolidando tú Marca Personal o Personal Branding
https://www.amazon.com/dp/B01ERVI7XE

9.- Redescubriendo tú Propósito de Vida
https://www.amazon.com/dp/B01ERTYTQ0

10.- Reingeniería y Programación Mental
https://www.amazon.com/dp/B01EQML2U4

11.- Los Ciclos Maestros de la Duplicación y la Multiplicación en el Network Marketing Multinivel

https://www.amazon.com/dp/B01IZTHD0M

12.- CUADERNO DE PLANIFICACIÓN de Los Ciclos Maestros de la Duplicación y la Multiplicación en el Network Marketing Multinivel
https://www.amazon.com/dp/B01J1JEVHI

13.- Conceptos y Nociones Avanzadas del Network Marketing Multinivel
https://www.amazon.com/dp/B01J3YGEXA

14-. Palabras Inspiradoras y Frases Célebres de Todos Los Tiempos
https://www.amazon.com/dp/B01J4MGSU0

15.- Los Ciclos Continuos del Éxito, Principios Básicos para Triunfar, Sistema de Coaching en Programación Mental para Lograr Objetivos
Próximamente....

16.- Leyes y Principios Universales del Éxito. Principios Bíblicos para Triunfar y Vivir en Abundancia Conforme a la Manera del Señor.
Próximamente....

17.- El Poder de Persuasión y la Hipnosis Conversacional. El Arte de Persuadir e Influir Positivamente en los Demás.
Próximamente....

18.- Manual Práctico de PNL Aplicada, Persuasión y Patrones Hipnóticos. Maestría en Influencia Personal, Seducción e Hipnosis Conversacional
Próximamente....

Los CICLOS MAESTROS de la DUPLICACIÓN y la MULTIPLICACIÓN en el NETWORK MARKETING

www.ingramcontent.com/pod-product-compliance
Lightning Source LLC
Chambersburg PA
CBHW021439170526
45164CB00001B/311